동일본대지진과 핵재난 — 와세다 리포트 3

확대되는 방사능 오염과 법규제

구멍투성이 제도의 현황

히오키 마사하루 지음
日置雅晴
김효진 옮김

고려대학교출판부
KOREA UNIVERSITY PRESS

拡大する放射能汚染と法規制: 穴だらけの制度の現状
日置雅晴 著

책머리에

동일본대지진과 그 당시 발생한 후쿠시마福島 제1원자력발전소(이하 '후쿠시마 원전')의 사고로 일본은 매우 큰 피해를 입었다. 특히 후쿠시마 원전의 사고를 둘러싸고 정부를 비롯한 다양한 학자와 기관, 매스미디어로부터 다양한 정보가 흘러나오고 있지만 사고 상황, 방사능 오염 상황, 그리고 사태수습의 전망에 이르기까지 어디까지 신뢰할 수 있는지 판단하기 어려운 내용이 많다.

특히 저수준의 방사능 오염이 건강에 끼치는 영향에 대해서는 위험성이 거의 없다고 하는 의견부터 위험성을 강하게 지적하는 의견까지 그 편차가 너무 커서 일반인은 무엇이 맞는지, 무엇에 따라 대처하면 좋은지 확신을 갖지 못하는 상황에 처해 있다.

필자는 변호사로서 환경문제와 도시문제를 다루어 왔는데 동일본대지진 이후 일본변호사연합(니치벤렌, 日弁連) 재해대책본부 내 원자력 프로젝트팀(PT)의 일원으로서 원전문제에 대응해 왔다. 또 필자가 스승으로 모시는 호세이法政대학의 이가라시 다카요시五十嵐敬喜 교수가 지진 직전에 내각참여内閣参与[1]에 임명되어 지진

1 〔옮긴이〕 원래 명칭은 내각관방참여(内閣官房参与)로, 비상근 국가공무원. 내각이 대응해야 할 각종 분야에서 전문가로서 총리가 임명하며 정보제공 및 조언을 담당한다.

이후 다양한 문제에 대처하여 왔는데 이가라시 연구실 사람들과 함께 그 지원에도 관여하면서 다양한 논의를 공유해 왔다. 더 나아가 와세다早稲田대학의 법과대학원을 중심으로 한 법률상담소legal clinic와 학부, 타 대학의 교원이 학생들에게 호소하여 조직한 동일본대지진 부흥프로젝트의 정보교환과 지원에 관여해 왔다.

그러나 어떤 지원을 해야 하는가라는 문제에 앞서 애초에 이번 사고에 의한 방사능 오염의 상황이 어느 정도인지, 자신이 살고 있는 지역의 오염은 어떠한지, 피난하지 않아도 좋은지, 긴 안목으로 봤을 때 또 다른 문제가 발생할 가능성은 없는지, 식품은 무엇을 먹는 게 좋은지 등에 대해 적확한 판단을 내리지 못하면 앞으로 지진 이후의 재건, 그중에서도 원전재해 이후의 재건을 사고하기 어렵다.

이러한 상황에서 원전사고에 관해서도 여러 활동을 통해 다양한 정보에 접해 왔다. 다만 필자가 알게 된 정보는 모두 공개되어 있는 것으로 누구라도 접근 가능하지만, 대량의 정보가 넘쳐나는 상황에서 그 상호관계를 고찰하고 방사능 오염 상황을 종전의 법제도와 사회제도와의 관계에 입각하여 정리해 본 것이 이 책이다. 따라서 이 책은 현재의 오염상황이 안전한가, 안전하지 않은가라는 단순한 결론을 제시하는 것은 아니다.

원래 필자는 법률실무가로, 원자력과 방사능이 미치는 영향에 대한 전문가는 아니다. 하지만 많은 조사데이터와 다양한 전문가의 견해를 참고하여 사실을 확인하고 법률에 비추어 타당한 방침을 정하는 것이야말로 법률가가 일상적으로 수행하는 일인데, 그 점은 원전사고에 관해서도 동일하다.

특히 가해 기업과 국가 책임, 피해자 사이에서 과학이라는 명목하에 행해졌던 조사·연구 등에 그 입장에 따른 다양한 편향이 드러나고 그에 따른 논쟁이 일어나면서 신속한 사회적 해결이 지체되어 피해가 확대되는 등, 과거의 4대 공해[2] 소송 당시에 일어났던 문제와 이번 사고 후 일어난 혼란의 본질은 하나도 바뀐 것이 없는 것 같다.

또 사실을 반드시 확정할 수 없는 경우에도 사회적으로는 어느 정도의 개연성을 전제로 하여 대응하는 것이 사회와 정치에는 요구된다. 특히 인간과 환경에 부정적인 영향을 예측할 수 있는 경우에는 최악의 경우를 상정하여 안전성을 고려하여 행동하는 것이 필요해진다(이것이 예방원칙이라고 불리는 사고방식이다). 이러한 점이 이번에 충분히 고려되었는지 아닌지도 크나큰 문제이다.

과거의 공해소송에서는 경우에 따라서, 이러한 문제의 해결이 반세기 가까이 지체된 결과 많은 공해 피해자들이 고통받기도 했다. 이번 방사능 오염에 관해서는 그러한 잘못을 반복하지 않고 조기에 적절한 사회적 해결이 이루어지기를 바라는 절실한 마음 속에서 이 책은 집필되었다.

이 책의 집필에는 니치벤렌日弁連 PT의 친구인 고지마 노부오小島延夫 변호사의 〈후쿠시마 제1원자력발전소사고에 의한 피해와 그

2 〔옮긴이〕 일본의 4대 공해는 미나마타(水俣) 공해, 니가타 미나마타(新潟水俣) 공해, 이타이이타이(イタイイタイ) 공해, 욧카이치(四日市) 공해로 전후 고도성장기의 급격한 산업화 과정에서 일어난 산업공해.

법률문제福島第一原子力発電所事故による被害とその法律問題〉(法律時報 2011년 8·9월), 아키모토 마사타다秋元理匡 변호사로부터 받은 〈미나마타의 교훈을 후쿠시마에水俣の教訓を福島へ〉(原爆症認定訴訟熊本弁護団·花伝社)를 참고하였다.

또 이 책에서 검토한 방사능 오염의 실태를 참고하여 앞으로 법률문제와 사회제도의 문제와 관련해 다양한 분야에서 검토되고 그 성과가 점점 더 많이 보고되기를 기대한다.

덧붙이자면 방사능 오염에 관한 본문중의 데이터는 주로 2011년 8월~10월경의 것이 많지만 그 후 더 심각한 오염을 나타내는 데이터들도 점점 더 많이 발표되고 있다는 사실도 기록해 둔다.

2011년 12월

히오키 마사하루

차례

제2부 확대되는 방사능 오염과 법규제의 현황

제3장 일본에서의 방사능규제의 기본적 상황

제4장 방사능의 공간선량에 관한 규제

제5장 토양오염 및 방사성폐기물에 관한 규제

제6장 식품오염에 관한 규제

보론 과거의 방사능 오염과 비교

서론

방사능 방출

도쿄전력 제공

1 방출된 방사능의 양

이번 원전사고에 의한 방사능 오염은 육상, 바다로 확대되었다.

방사능 오염을 고찰할 때에는 방출된 방사능의 총량과 오염이 확대된 범위가 문제가 된다. 체르노빌 사고 시 방사능의 방출량은 요소131(131I)과 세슘137(137Cs)의 경우 각각 120만~170만 테라베크렐, 7.4만~8.5만 테라베크렐로 추정되고 있다. 이번 사고로 방출된 방사능의 총량에 대해서 원자력안전위원회의 2011년 8월 24일 현재의 보고는 요소131이 13만 테라베크렐, 세슘137이 1.1만 테라베크렐로 간주하고 있다. 대략적으로 말해 체르노빌 사고의 10~20% 정도의 방출이라고 할 수 있을 것이다.

또 바다에 방출된 방사능량에 대해서 일본원자력연구개발기구는 대기로부터의 강하분을 포함하면 방출량은 요소131이 11,400테라베크렐, 세슘137이 3,600테라베크렐, 계산하지 않은 세슘134를 포함한 총 방출량은 15,000테라베크렐을 넘는다고 보도하고 있다(단위를 테라베크렐=조베크렐로 통일했다)(아사히朝日신문 2011년 9월 9일).

이것이 어느 정도의 규모인지 이해하기 위한 기준으로 원자력 안전·보안원이 원폭과 비교하여 추정해 보았는데, 세슘137의 방출량은 후쿠시마 원전 1~3호기가 15,000테라베크렐(테라는 1조)로, 89테라베크렐이었던 히로시마 원폭의 약 168배였다. 스트론튬90(반감기 약 29년)은 후쿠시마 원전이 140테라베크렐로, 58테라베크렐이었던 히로시마 원폭의 약 2.4배. 요소131(반감기 약 8일)은 후쿠시마 원전이 15만 테라베크렐, 히로시마 원폭은 63,000베크렐의 히로시마 원폭의 약 2.5배에 상당한다고 보도하고 있다(원자력안전위원회발표와 방출량이 다소 상이)(마이니치每日신문 2011년 8월 26일).

보안원에서는 원폭과 단순히 비교할 수 없다고 덧붙이고 있는데 사실 그렇다. 특히 핵무기의 경우 방사능 방출시, 고열의 폭발을 동반하여 상당량의 방사성물질이 성층권까지 확산하도록 설계된다. 체르노빌의 경우에도 운전 중에 원자로 자체가 폭발하여 노심이 노출되는 동시에 고열로 인해 상당히 광범위로 확산되었다. 이에 반해 후쿠시마의 경우에는 격납 용기가 일부 파손되는 데 그쳤기 때문에 그때까지 노심의 비산飛散은 없었다. 그러나 이것은 역으로 비교적 낮은 온도에서 증기가 된 요소와 세슘이 방사능 구름이 되어 주변에 방사성물질을 강하시켰다고도 생각될 수 있다.

어쨌든 지진 직후에 방사능에 의한 피해는 전혀 걱정할 필요가

그림 1 방사성폐기물의 농도 구분 및 처분방식

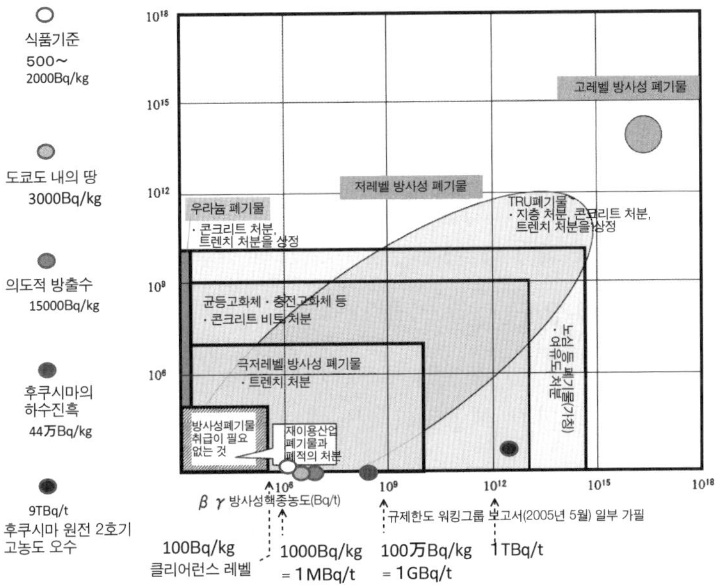

출처: 종합자원에너지 조사회 원자력안전,보안부회 폐기물안전소위원회보고서 〈저레벨방사성 폐기물의 여유심도 처분에 관한 안전 규정에 관하여(중간보고)〉(低レベル放射性廃棄物の余裕深度処分に係る安全規制について(中間報告)). 2007년 3월 20일, p23/63. http://search.egov.go.jp/servlet/Public?ANKEN_TYPE=3&CLASSNAME=Pam1090&KID=620207001&OBJCD=&GROUP

없다는 발언을 매스미디어에 흘려보내고 있던 원자력 전문가의 예상과는 달리 매우 커다란 피해가 발생한 것이다.

2 방출된 방사능량과 오염 수준의 구체적인 이미지

〈그림 1〉은 지금까지 원자력산업에서 발생한다고 알려진 방사능

폐기물의 방사능 수준으로, 공표되어 있던 자료에 이번 사고에 의한 오염상황을 삽입해 본 것이다.

방사능 수준은 대수代數로 표기되어 있다는 사실에 주의가 필요하긴 하지만 대략 육상의 오염은 종래의 개념에서 볼 때 저수준 방사성폐기물 정도의 범위이다. 농도가 매우 높아서 큰 문제가 된 2호기 고농도 오염수[1]라고 해도 재처리에서 나오는 폐기물 수준에 비하면 1000분의 1 이하의 수준이다(다만 고농도 오염수는 양이 상당히 많아 전체 방사능량은 커졌다).

그렇다고 해도 이 정도로 큰 문제가 발생하고 있는 걸 고려하면 원자력 이용에 따른 핵연료의 처리에 따라 반드시 발생하는 고수준 방사성폐기물이 얼마나 위험한 수준의 방사성물질인가, 다시 한 번 생각해 보게 될 것이다.

3 이번 사고는 최악이었는가

그렇다면, 이번 사고에 의한 방사능 오염은 상정할 수 있는 최악의 사고였던 것일까?

방출량은 체르노빌의 20% 정도로 간주되지만 사고가 일어난 후쿠시마 원전의 4개 원자로에서 사용되고 있던 핵연료는 체르노빌보다 훨씬 많았다. 다행히도 격납 용기가 심각하게 파손되지는

1 경제산업소에 따르면 4월부터 2호기에서부터 유출된 고농도 오염수의 총 방사능량은 4700테라베크렐이다. http://www.meti.go.jp/press/2011/04/20110425002/20110425002-2.pdf

않았던 점, 사고 당시가 겨울철이어서 바람이 주로 태평양 쪽으로 불고 있던 점 등을 생각해 보면 사실은 이정도의 오염으로 그친 것이 불행 중 다행이라고 봐야 할 것이다. 사후의 보도, 예를 들면 간菅直人 전 총리의 퇴임 후 인터뷰에서도 사고 당시 정부 내에서는 사상자가 나오는 사태도 상정하여 최악의 경우에는 국회의 이전 및 수도로부터의 피난까지 가정한 극히 중대한 사태도 상정하고 있던 사실을 엿볼수 있다(닛케이日経신문 2011년 9월 21일).

原発事故 問われた初動
最悪、国会移転も想定
東電、話せる相手2人だけ
菅前首相インタビュー

간 나오토 전 총리 인터뷰: "원전사고 의문시된 초기 대처", "최악의 경우, 국회 이전도 상정", "도쿄전력, 대화할 수 있는 상대 2명뿐"

그 후 방출량이 처음 일본에서 집계하여 알려진 것의 2~3배를 넘는다는 해외의 보도도 있었다.

다양한 오염상황과 정부의 대응 등을 살피고, 앞으로의 원자력 정책을 살펴보는 데 이번 사고가 원전사고로서는 아직 최악에 이르지 않았지만, 이 정도의 영향이 있었다고 하는 점은 항상 의식하고 염두에 두어야 한다.

1부

방사능은 왜 알기 어려울까

제 1 장

방사능이란

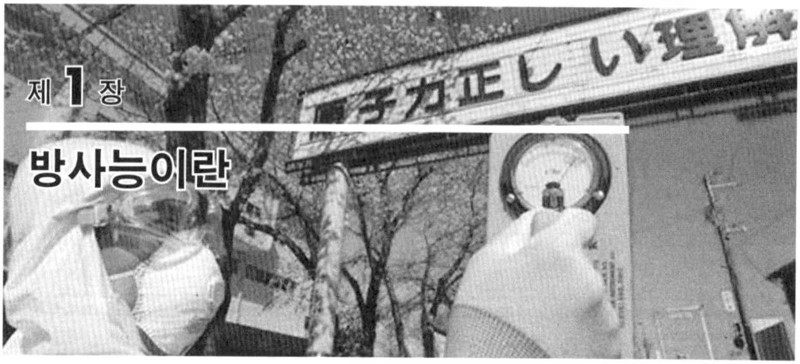

© AFP PHOTO

이 책이 물리학 교과서는 아니지만 원전문제를 이해하는 데 최소한도의 필요한 지식을 일반인 수준에서 정리해 두고자 한다.

1 방사능이란

방사선이란 전자파와 입자선 중에서 물질을 통과하면서 이온화電離시키는 것을 의미하는데, α선, β선, γ선, X선, 중성자선 등이 있다. α선은 입자(양자 2개와 중성자 2개)의 입자선, β선은 β입자(전자)의 입자선, 중성자선은 중성자의 입자선, γ선과 X선은 전자파이다. 방사선은 방사성의 원자핵이 붕괴하면서 발생하는데, 이때 물질이 방사선을 내는 능력을 방사능이라고 한다. 방사능을 가진 물질이 방사성물질이다. 또 방사성물질이 있게 되면 방사선을 방출하게 되는데, 방사성물질을 사용하지 않아도 가속기 등을 통해 방사선을 만

들어 낼 수 있어서 뢴트겐 촬영장치 등 방사선을 이용한 기기가 다수 존재하고 있다.

이 두 가지의 차이는 방사성물질에 의한 방사선은 방사성물질을 없애지 않는 한 계속 나오는데(오염방제〔濟染〕가 필요), 기기에 의해 만들어진 방사선은 기기를 정지하면 나오지 않는다는 점이다.[1]

2 방사성물질량과 방사선 강도

1. 방사성물질과 방사선

방사능을 측정할 경우 방사성물질의 양과 방사선의 강도가 문제가 된다. 같은 양의 방사성물질이라도 그것이 넓은 범위에 확산되고 있는 경우와 〔좁은 범위에〕 집중되고 있는 경우 서로 발생하는 방사선의 강도가 달라지며, 방사선 발생원으로부터 떨어질수록 방사선의 강도는 약해진다. 또 방사성물질에는 다양한 원소(핵종核種)가 있으며 방사선에도 앞에서 서술한 것처럼 다양한 종류가 있다. 각각 물리적인 작용, 인체 등에 끼치는 영향과 건물 등에 의한 차단 효과가 다르다는 점에서 방사능의 측정 및 측정 결과를 고찰하는 경우에는 이 차이점들을 이해하는 것이 중요하다. 이런저런 보도기사들을 보다 보면 이 차이가 명확하지 않은 기사가 눈에 띄는데 그러한 보도 내용으로는 다른 기사와 정확하게 비교할 수 없다.

1 중성자선 등 강한 방사선을 받아서 대상물이 방사능을 띠게 되는 경우도 있을 수 있다.

2. 방사능의 양

방사성물질의 양을 표시하는 것이 베크렐(*Bq*)이라는 단위이다. 1초간에 1회 원자핵이 붕괴하여 방사선을 내는 양이 1*Bq*이다. 오염된 토양 및 물에 함유된 방사성물질의 양을 측정하는 경우, 당연히 측정 대상인 물질의 양이 많을수록 함유된 방사성물질의 양이 늘어나기 때문에 방사성물질의 양을 측정하는 경우에는 얼마만큼의 대상에 포함된 양인지를 명확하게 할 필요가 있다. 통상적으로는 검사체 1kg당 방사성물질량으로 표시될 때가 많은데 토양오염 등에는 면적(㎡)당 계측되는 경우도 있고[2] 오수 등에서는 용적 L(리터)당으로 계측되는 경우도 있다. 때로는 그 단위가 톤(t)이거나 입방센티미터(cc)이거나 평방킬로미터(㎢)이거나 할 때가 있기 때문에 다양한 측정 결과를 볼 경우 주의할 필요가 있다. 또 방사성물질 중 핵종의 차이에 의해 방사성물질의 양(베크렐)이 같아도 인체 등에 끼치는 영향은 동일하지 않다. 이러한 점을 고려해서 사고에 의해 방출된 방사성물질의 총량과 여러 종류의 핵종에 오염된 지면의 오염치 등을 표시할 경우에는 단순하게 각 핵종의 방사선양(베크렐)을 더하는 것뿐만 아니라 다른 핵종의 방사성물질양을 요소131인 경우의 영향량으로 환산해서 총합으로 표시하는 경우가 있다.

2 국제적으로 토양오염은 면적당 방사능량으로 계측된 것이 많지만, 일본의 토양오염 대부분은 1kg당으로 계측된다. 킬로그램으로 측정할 경우 방사성물질이 얼마나 깊게 침투하고 있는지, 검체를 얼마나 깊게 채취하는지, 토양의 비중의 차이 등에 따라 결과가 변할 수도 있다. 일반적인 세슘137의 경우, 1㎡당 방사능량은 1kg당 방사능량의 65배 정도이다.

3. 방사선 강도와 피폭량

방사선에 의해 생물이 받는 피폭[3]의 양을 표시하는 것이 시버트(Sv)이다. 방사선은 물질에 닿으면 거기에 흡수되어 영향을 끼친다고 한다. 그 흡수량을 그레이(Gy)라는 단위로 표시하는데 같은 흡수량이어도 방사선의 종류에 따라 생물에 끼치는 영향이 달라진다. 이 점을 참고하여 방사선 종별로 인체에 끼치는 영향을 고려해 계수 수정을 한 방사선의 피폭량 단위가 Sv이다. 피폭량은 방사선의 강도와 어느 정도의 시간 동안 그 방사선을 피폭했는가에 따라서 변화한다. 통상적인 공간선량[4]의 측정 시에는 1시간당 피폭량으로 환산하여 이 지역의 방사선량을 3μSv/h(그 장소에 1시간 동안 머무르면 3μSv의 방사선을 피폭하게 된다) 등으로 표시한다.

몸 전체의 피폭량과는 별도로 신체 내부의 장기당 피폭량을 문제삼는 경우도 있다. 특히 요소에 의한 피폭은 갑상선에 집중되기 쉽기 때문에 갑상선이 어느 정도 피폭됐는가가 문제가 되고, 이런 경우에는 갑상선이라는 장기의 피폭량이 문제가 된다.

또, 법령 등에서 피폭에 관한 규정은 연간 피폭량으로 규정되어 있는 경우가 많지만 방사선량이 일정한 경우에는 연간 피폭량은 1시간당 피폭량의 24×365배가 되어 1μSv/h의 경우, 그 상태가 1년간 지속되면 연간 피폭량은 8.76mSv가 된다(실제로는 지역의 공

3 방사능을 쐬는 것. 핵무기의 피해일 때는 방사능과 같이 열과 폭풍 등에 의한 피해도 포함하여 폭탄에 의한 피해를 의미할 때 피폭이라는 표현을 사용하기도 하지만, 이번 사고의 경우 오로지 방사능의 영향만 받았다는 의미로 사용한다.

4 〔옮긴이〕 공간선량(空間線量)이란 일정 공간 내의 방사선량을 가이거계수기 등의 방사능 측정기를 이용해 계측한 수치를 말한다.

간선량이 1μ*Sv*/h이라고 해도 옥내에 머무르는 시간 등도 있으므로 단순히 그곳에 거주하는 사람의 연간 피폭량이 8760배가 되는 것은 아니다).

전체적인 방사선 영향 등의 검토 시에는 평생에 걸친 피폭량이 문제가 되는 경우[5]도 있다.[6]

이렇게 피폭량을 문제삼는 경우에는 그것이 어느 정도 기간에 걸친 피폭량인가를 고려할 필요가 있다.

4. 반감기

방사성물질이 같은 양의 방사선을 영원히 계속 발산하는 것은 아니다. 원자가 붕괴하면서 방사선을 방출하므로 방사성물질은 서서히 양이 감소해 간다. 이 방사성물질이 감소하는 속도는 방사성원소마다 다른 고유한 것으로 당초의 방사성물질량이 절반이 되는 기간을 반감기라고 부른다. 반감기는 짧게는 수 초 정도인 것도 있지만 길게는 수십만 년인 것도 있다. 원전사고에서 발생한 대표적인 핵종의 반감기는 요소131이 8.1일, 세슘137이 30년, 우라늄234가 24.5만 년이다.

또 앞에서 서술한 것은 물리적으로 방사성물질량이 절반이 되는 기간으로 방사능의 장기적인 영향을 알기 위해서는 생물에 섭취된 방사성물질이 생물의 배출능력을 포함하여 절반이 되는 기간

---

5 방사선량으로서 *Sv*는 상당히 높은 수준이므로, 보통은 그 1/1000인 m*Sv*, 100만분의 1인 μ*Sv*가 사용되는 경우가 많다.

6 물리적인 단위는, 국제단위계(SI)로 변경되었다. 예전에 방사능량은 퀴리(Ci), 피폭량은 렘(rem)이 사용되어 왔다. 1Ci=3.7×1010*Bq*, 1rem=10m*Sv*이다.

(생물학적 반감기)과 토양에 강하한 방사성물질이 비 등에 의해 유출되는 영향도 포함하여 절반이 되는 기간(토양의 반감기) 등도 고려할 필요가 있다.

반감기가 긴 핵종에 의한 오염은 그 영향이 장기적으로 지속된다. 한편 반감기가 짧은 핵종에 의한 오염(특히 요소131)은 사고 초기에 집중하여 발생하므로 기간이 경과하면 급속하게 소멸하게 되기 때문에 사후적으로 정확한 오염상황을 파악하기가 어려워진다. 따라서 정확한 오염상황 파악을 위해서는 사고 초기에 피해상황을 측정할 필요성이 높지만, 안타깝게도 어린이들의 요소 오염상황 조사는 사고 발생에서 상당한 시간이 경과한 후에 시작되어 사고 직후에 신속, 적절하게 이루어졌다고는 말하기 어려운 게 현실이다.[7]

5. 방사성동위체

원자핵은 양자와 중성자에 의해 구성되지만 원소의 화학적 성질은 양자의 수에 의해 결정된다. 양자의 수가 같고 화학적으로는 같은 원소라고 해도 중성자의 수가 다른 경우가 있는데 이것을 동위체로 부른다. 많은 방사성물질은 자연적으로 존재하는 안정된 (비방사성) 원소의 동위체인 경우가 많다. 동위체는 구별하기 위해 질량수(양자와 중성자를 합한 수)를 붙여 요소131등으로 표기된다(엄밀하게 표기하자면 131은 첨자로, 요소는 원소기호 I로 표기한다).

7 정부는 3월 24일부터 30일에 걸쳐 이와키(いわき) 시, 가와마타(川俣) 시, 이타테무라(飯館村)에서 1,150명의 어린이들의 피폭량을 측정한 결과, 어린이들 모두의 갑상선 피폭량이 0.1*Sv* 이하였다고 발표하고 있지만(2011년 8월 17일 아사히 신문), 이것은 어디까지나 샘플링 수준에 불과하다.

대표적인 방사성물질인 요소의 경우 원자번호는 53으로 통상 존재하는 안정된 동위체는 질량수 129, 전부 37종류의 동위체가 존재한다. 원전사고에서 방출이 문제가 된 것은 질량수 131이다. 세슘의 경우 원자번호가 55로 안정동위체는 질량수 133, 원전사고에서 문제시되었던 것은 134와 137이다. 동위체는 화학적 성질은 같기 때문에 화학적으로 특정한 동위체만을 분리, 처리할 수 없다는 게 오염 방제를 곤란하게 하고 있다.[8] 체내에 들어간 경우에는 안정된 동위체와 동일하게 생체가 반응하므로 요소131이 갑상선에 집중되는 사태를 불러오게 된다.

또 화학물질, 예를 들면 다이옥신 등에 의한 오염은 고열과 화학적 처리에 의해 분해되어 무해하게 할 수 있지만 방사능은 원자 그 자체로부터 방사되는 것이므로 열과 약품으로 없애는 것은 불가능하다.

6. 단위에 대해

방사능에 관한 다양한 수치는 극히 폭이 넓은 범위의 숫자를 다루게 된다. 자연과학계에서는 이런 경우 10의 몇 제곱인가 하는 형태로 몇 자리수인지를 표기하지만 〔여기서는〕 일반인이 알기 쉬운 표기를 사용하기로 한다. 대단위로는

8 우라늄형 원자폭탄을 만들기 위해서는 우라늄에서 핵분열성의 동위체 U235만을 농축할 필요가 있지만 화학적으로는 농축이 되지 않기 때문에, 원심분리기 등을 사용하는 등 물리적 수단을 통해 분리하고 있다. 그러나 대규모의 고비용 처리 시설이 필요하다.

1,000배 = k(킬로)

1,000,000배 = M (메가)

1,000,000,000배 = G (기가)

1,000,000,000,000배 = T (테라)

1,000,000,000,000,000배 = P (페타)

소단위에서는

1,000분의 1 = m (밀리)

1,000,000분의 1 = μ (마이크로)

등의 단위가 나오는데 일상적인 감각과는 동떨어진 단위이기도 하다.

도쿄전력 제공

제2장 방사능이 인체에 끼치는 영향의 불확실성

인간을 비롯한 생물이 방사능에 의해 도대체 어떤 영향, 특히 건강상의 영향을 받는가에 대해서는 다양한 의견이 존재하며 그 결과 어느 정도까지의 방사능 수준이라면 안전한지 또는 감수해야 하는지를 둘러싸고 심각한 논쟁이 야기되기도 한다. 특히 후쿠시마현 등에서 문제가 되고 있는 저선량 피폭에 의한 인체 영향, 환언하자면 100m*Sv* 이하의 피폭에 의한 건강 영향의 유무에 관한 다양한 견해는 일반인에게는 극히 이해하기 어렵다. 전문가라고 불리는 사람들 중에도 연간 100m*Sv*여도 걱정할 필요가 없다는 사람이 있는데 반해, 아무리 선량이 낮아도 일정 정도 영향이 있다는 사람도 있다.

이러한 혼란이 발생하는 원인으로서 적어도 다음과 같은 문제점을 지적할 수 있을 것이다.

① 급성증상과 장기적 영향의 관계, 피폭의 상황

② 연령에 따른 영향의 차이

③ 역치의 존재와 극저선량의 영향

④ 자연방사능의 존재

⑤ 방사선의 차이와 핵종의 차이

⑥ 외부피폭과 내부피폭의 차이

⑦ 방사선의 유익한 이용과의 관계

⑧ 충분한 실증데이터가 없는 사실, 정치적 편향의 존재

⑨ 입장에 따른 판단의 편향

1 급성증상과 장기적 영향, 피폭의 상황

일시적으로 1000mSv를 넘을 정도의 높은 방사선에 피폭되면 그로 인해 세포가 직접적으로 파괴되는데 그 수가 많으면 다양한 증상이 나타나고 3000~5000mSv 정도를 넘으면 죽음에 이르기도 한다. 이에 대해 100mSv 이하 피폭의 경우, 주로 방사선이 세포 내의 DNA에 손상을 입혀서 수 년에서 수십 년에 걸친 오랜 시간이 경과한 후에 암 등을 일으킬 가능성이 있다고 한다. 급성증상은 일정량 이상 피폭한 경우 거의 확실하게 증상이 발현하기 때문에 확정적 영향이라고 하기도 한다. 이에 대해 저선량에 의한 발암 등은 일정비율로 발현한다고 하여, 확률적 영향으로 불리기도 한다. 방사능에 의한 영향이 알기 어려운 이유 중 첫 번째는 이 두 가지 영향이 발생하는 수준에 커다란 차이가 있다는 사실이다.

더 알기 어려운 것은 저선량의 피폭에 의한 확률적 영향 중,

100mSv를 넘는 경우에는 그러한 영향이 나타나는 것은 거의 확실하다고 간주되는 데 비해, 100mSv 이하의 극저선량의 경우에 어떠한 영향이 있는가에 대해 아직 과학적인 공통인식이 형성된 상황이 아니라는 점이 문제시되고 있다('역치'로서 후술).

연간 1mSv 정도 또는 그 이하에서 장기적 영향이 나타나는지 아닌지에 대해 논의가 있긴 하지만 급성증상이 나타난다고 간주되는 수준의 1000분의 1 이하이다. 현실적으로 이번 사고에서도 사고복구 작업자들을 제외하면 일반 시민이 급성증상을 걱정할 수준의 피폭은 발생하지 않은 것 같다. 따라서 현실적으로 우려할 것은 장기적인 영향을 어느 정도 예측하는가에 달려 있다. 장기적 영향을 어디까지 고려하는가에 따라 앞으로의 피난과 오염 방제, 복구 시 대응해야 할 지역이 극단적으로 바뀌게 되는 것이다.

또 급성증상은 1000mSv 정도를 넘으면 발생한다고 알려져 있지만, 같은 1000mSv에 피폭됐다고 하더라도 1시간 동안 1000mSv의 방사선을 쬔 경우와 100일간 10mSv씩 쬔 경우에는 피폭량은 같아도 그 영향이 같다고 할 수 없다. 일반적으로는 한꺼번에 받는 선량이 높은 쪽이 세포가 한꺼번에 피폭되므로 영향이 크며, 장기적으로 영향을 받는 경우에는 어느 정도 생체의 복구기능이 작동하므로 영향이 경감된다고 하지만 정량적으로 밝혀진 것은 아니다.

이 문제는 장기 피폭 시의 피폭량에서도 비슷하게 발생하는데, 일정량의 피폭에도 처음 피폭된 지 1개월 후에 멀리 피난한 사람이 30일 동안 1mSv을 피폭한 경우와 수 년간에 걸쳐 피폭한 사람이 1,000일 동안 1mSv을 피폭한 경우는 피폭량은 같지만 영향이 어떻게 다른지 확실하지 않다.

따라서 단순히 피폭량이 같다고 해도 피폭 방식(피폭 상황)에 따라 영향은 다를 가능성이 있고 후술하는 것처럼 방사선의 차이와 핵종의 차이, 내부피폭인지 외부피폭인지에 따라서도 상황이 변할 수 있다. 다양한 보도를 봐도 여기까지 자세히 피폭상황을 보도하고 있지 않으며 아마도 각 현장에서도 그렇게까지 자세한 파악은 곤란할 것이다.

그러나 과거의 원폭 후유증 인정을 둘러싼 소송 등에서는 개개인이 자세하게 피폭 상황을 주장, 입증하여 이에 기반하여 법원이 판단을 내리고 있는 것이 현실이다. 따라서 피폭한 사람은 손해배상청구와 건강관리에 대비하여 가급적 피폭 상황을 상세하게 기록해 둘 필요가 있다.[1]

2 비특이질환과 인과관계

방사선에 의한 장기적인 영향으로 간주되는 증상 중 다수는 암 등의 비특이질환으로 불리는 증상이다. 어떤 증상이 특정한 원인에서만 발생하는 경우에는 원인과 피해의 인과관계를 명확하게 하기

1 후쿠시마 변호사회에서 발행한 《후쿠시마현 원자력 재해피해자·기록노트》(http://businiess3.plala.or.jp/fba/sinsai_soudan/hisaisya_note.html)에서는 사고 당시부터 매일 행동기록을 입력하는 란이 있는데, 기억에 남아 있는 동안 되도록 이러한 것들을 활용하여 이후에도 피폭 상황을 측정할 수 있는 자료를 남겨 놓아야 한다. 그렇다고는 해도 혼란한 상태에서 취한 피난행동의 구체적인 내용을 몇 개월이 지난 후에 기억해 내기란 쉽지 않다.

쉽다. 예를 들면 석면(asbestos) 피해의 경우 중피종이라는 특수한 암이 발생하는데, 이 암은 다른 원인에서는 거의 발생하지 않는다. 이런 경우를 특이질환이라고 한다. 석면 피해자에게서 중피종이 발생한 경우에는 석면에 노출되었던 사실만 증명할 수 있으면 노출과 증상발현의 인과관계는 쉽게 증명할 수 있다.

체르노빌의 경우 방사성요소에 의한 갑상선암이 특히 어린이에게 많이 발생했던 사실에 근거하여 갑상선암만은 방사선 피폭과의 인과관계가 통계적으로도 명확하게 보고되어 있다. 한편 보통 상태에서 갑상선암은 그다지 발생하지 않는다.

이에 대해 그 이외의 암과 심장병 등은 방사선을 쐬지 않은 사람에게서도 일반적으로 발생하는 증상이므로 이들 증상이 나타나도 각각의 사안이 방사선의 영향인 것인지 아닌지의 판단을 내리기 어렵다. 이런 경우 역학적인 조사에 의해 인과관계의 규명을 기대할 수도 있지만 암의 경우 애초부터 일본인의 30% 정도는 암에 의해 사망하는 것으로 알려져 있고 특히 흡연과 화학물질, 식사습관 등 발암과 관련된다고 간주되는 다양한 요인이 존재한다고 여겨지므로 상당히 발암률이 상승하지 않는 한 방사선에 의한 영향만을 따로 떼어내 명확하게 특정하기 어렵다. 더 생각해 보면 비특이질환의 경우 가령 일정한 방사선에 피폭된 집단 중에 어느 정도 발암 환자가 증가했다고 하더라도 개개의 발암 환자가 애초에 방사선 피폭이 없어도 암이 발병하였을지 방사선피폭에 의해 암이 발병한 것인지를 구별하는 것은 불가능하다. 이 문제는 장래 어떠한 건강 영향이 나타났을 때 손해배상이 문제가 되면 인과관계 입증이라는

곤란한 문제를 불러일으킬 것이다.[2]

또, 과거에 방사능으로 인한 인체영향을 둘러싸고 계쟁係爭되었던 분쟁 중, 원폭 후유증 인정소송과 원전 노동자의 산재인정의 경우는 일정 조건하에서의 발암과 백혈병에 대해서 당사자의 청구가 인정된 사례가 있지만, 이들 제도는 원래 피해자 구제라는 목적을 가지고 제정된 제도로 (충분히 기능하고 있는가는 별개로 하고서라도) 일정의 요건을 충족하면 구제대상으로 삼는 제도로서 기능하고 있기 때문에 통상의 민사소송에서 〔요구되는〕 인과관계의 입증보다는 구제를 받기 쉽게 되어 있다는 점에 주의할 필요가 있다.

과거에 통상 민사소송에 의한 원자력배상청구사건으로서 방사능(방사선)에 의한 영향이 계쟁된 사안으로서는 소수의 판례가 있는데 방사능과 피해의 인과관계를 인정한 판례는 한 건도 없다.[3]

---

2 원폭 후유증 인정에 관한 치바(千葉)지방법원 2010년5월 22일 판결에서는, 피폭과 증상 발생의 인과관계에 관해서 다음과 같이 판결하였고 비특이질환에 관하여 전반적인 인과관계의 인정은 부정하고 있다.

① 원폭에 의한 방사선 피폭이 존재한다고 생각되는 장소에서 피폭된 것
② 해당 질환 일반에 관하여 원폭에 의한 방사선 피폭이 그 증상의 발현 또는 악화에 유의하게 기여한다고 인정되는 것.

이러한 기준에 부합하면, 방사선 기인성이 사실상 추정된다고 하는 원고의 주장도 채용될 수 없다(이 두 요소가 상대적으로 중시되어야 한다는 점은 가능하지만, 이것이 갖추어질 경우에도 방사선에 의한 사후장애는, 방사선의 특이한 증상을 가지고 있는 경우가 아닌, 만약에 해당 사후장애에 관해서 방사선 피폭이 그 증상 또는 악화에 유의하게 기여하는 것이 인정된다 하더라도, 그 정도에는 차이가 존재할 수밖에 없다는 등의 점을 같이 고려한다면, 원폭 방사선 이외의 원인이 되는 원폭방사선과의 관련성이 인증된 질병이 발생할 경우는 충분히 생각할 수 있으므로, 상기의 ① 및 ②의 사실이라면, 방사능 기원성이 인증된다는 실험 쪽의 인정이 어렵고, 방사선 기원성의 존재를 사실상 추정시킨다고 해석하는 것은 타당하지 않다).

저선량 방사선 피폭에 의한 발암 증가가 확률적이라면 앞에서 서술한 것처럼 증상이 발현한 경우에 방사능의 영향으로 인한 발암과 그렇지 않은 발암을 구별하기가 거의 불가능하다는 점을 생각해 보면 이 문제는 행정적인 구제제도의 마련이 불가결하게 될 것이다. 물론 공해건강피해보상법에 의한 구제제도 등과 동일하게 그 구제에 필요한 비용 중 방사선의 영향에 의해 증가했다고 생각되는 범위를 포함한 일정 비율은 당연히 원인을 제공한 기업이 부담해야 할 것이다.

3 역치의 존재와 저손량의 영향

저선량 피폭에 의한 발암 등은 확률적으로 발생한다고 하지만 그 비율은 방사선량에 비례한다고 간주되며 ICRP(국제방사선방호위원

3 와세다대학의 오쓰카 마사유키(大塚正之) 교수의 말을 정리해 보면, 과거에 원자력배상을 계쟁한 민사소송으로서

① 나고야(名古屋) 고등법원 가나자와(金沢)지부 1989년5월17일 판결(판시 1322,99판 밤705,108) 이노우에(井上)
② 미토(水戸) 지방법원 2003년 6월 24일 판결(판시 1830,103) 마쓰모토(松本)
③ 도쿄 지방법원 2004년 9월 27일 판결(판시) 후쿠다(福田)
④ 도쿄 고등법원 2005년 9월 21일 판결(판시) 히나가타(雛刑)
⑤ 도쿄 지방법원 2006년 4월 19일 판결(판시 1960,64) 도이(土肥)
⑥ 미즈호 지방법원 2008년 2월 27일 판결(판시 2003,67) 시다(志田)
⑦ 도쿄 고등법원 2009년 5월 14일 판결(판시 2066,54) 오오바시(大橋)

등이 있지만, 어디서도 방사능 피폭과 피해의 인과관계는 인정되지 않았고 이것을 인정했다는 판례는 찾아볼 수 없다.

회. 방사선 방호에 관한 권고를 행하고 있는 전문가에 의한 국제조직) 등에서는 1Sv당 5%로 생각하고 있다. 100mSv에서는 0.5%가 되지만 그 이하의 저선량 대역의 피폭인 경우도 발암 확률이 선량에 비례하고 있는지, 아니면 일정 수준 이하에서는 위험이 사라지는지라는 문제가 있다. 일정 수준 이하에서는 위험성이 사라진다는 사고방식을 역치가 있다고 한다. 일반적인 독극물 등에서는 역치가 있어서 일정량 이하면 영향이 없어진다고 하는데 환경호르몬 등에 관해서는 역치가 없다고 하는 견해도 있다.

저선량 방사선의 영향에 역치가 없다고 생각하면 100만 명이 1mSv에 피폭된 경우, 간에 의한 사망자가 50명 증가하고(100만 명×0.5÷100=50명), 1,000만 명이 0.1mSv에 피폭된 경우도 50명 증가한다고 간주된다. 한편 역치가 있어서 그것이 1mSv 이상이라고 하면 후자 같은 사례에서는 암에 의한 사망자는 증가하지 않게 된다. 방사능에 의한 저선량 피폭의 경우에 역치의 존재 여부에 대해서는 의견이 갈리지만 현재 국제 기준과 국내 기준은 역치는 없다는 인식에 바탕하여 작성되어 있다.

이와 관련하여 저선량 방사선의 영향에 대해서도 다양한 학설이 존재하고 있어서 판단하기 어렵다.

역치가 존재한다고 하는 인식은 저선량에서는 영향이 없다는 것으로, 저선량의 방사선은 오히려 몸에 좋다고 하는 설도 있다. 이는 호르메시스hormesis 효과라고도 하는데 라돈온천 등 방사선의 온천을 이용한 온천요법의 효과에 대한 보고들도 있으므로 전혀 근거가 없는 거짓말이라고는 할 수 없다. 생각해 보면 온천요법적인 일정한 효과가 단기적으로는 나타난다고 하는 사실과 장기적으로는 발암 등의 영향이 나타나는 사실은 반드시 이율배반적인 것은 아니며 양쪽 모두의 영향이 있다는 것도 가능할 것이다. 현실적으로는 해외에서는 천연 라돈의 영향에 의한 발암 증가에 의해 사망자가 증가하고 있다는 보고도 있다.

한편 오히려 저선량에서는 고선량 시보다 비율적으로는 영향이 커진다는 설도 제기되고 있다. 이쪽은 페트카우 효과Petkau Effect라고 불리고 있다.[4]

지금 이러한 다양한 이론들 중 무엇이 맞는지 진위 판단을 할 수 있는 지식은 필자에게는 없으며 국제적으로는 역치가 없는 직선적인 영향 모델이 정책 판단의 기준이 되고 있다. 그러나 이만큼 극단적으로 다른 설이 전문가로부터 제기되고 그 어느 쪽도 간단하게는 부정할 수 없는 상황에 저선량 방사능의 영향을 이해하는 어려움이 있다고 하는 사실만은 명백하다.

4 자연방사능의 존재

1. 자연방사능의 존재과 지역 차

인간이 핵기술을 개발하기 이전부터 자연계에는 다양한 방사성물질과 방사선이 존재하고 있었다. 지구가 생겼던 때부터 우라늄과

4 랠프 그로이브(ラルフ・グロイブ) 외, 《인간과 환경에의 저레벨 방사능의 위협(人間と環境への低レベル放射能の脅威)》, 아케비 쇼보(あけび書房).

라듐 같은 천연 방사성물질이 존재하고 있었고 이들은 예를 들면 화강암과 모나자이트 같은 천연 암석과 광물에 포함되어 그것들이 자연방사선을 방출한다. 지각에서 나오는 방사성 라돈의 문제도 지적되고 있고 특히 고농도 지역의 지하실 등에서는 라돈에 의한 방사능이 심각한 문제로 간주되고 있다. 이외에도 우주에서 오는 우주선宇宙線 등의 방사선이 존재하고 있는데, 이는 높은 하늘을 비행하는 항공기 탑승 시 등에는 그 영향을 강하게 받지만 지상에서도 영향이 없진 않다. 특히 고도가 높은 지역에서는 평지보다 커진다.

지구가 형성된 수십억 년 전에는 자연방사선의 수치는 지금보다 훨씬 높았을 것으로 간주되는데 그 후 생물은 항상 자연방사선에 노출된 상태로 진화를 이룩해 왔다. 따라서 모든 생물은 오랜 기간에 걸쳐 자연방사선 안에서 생존해 왔다고 할 수 있다. 그렇다고 해서 자연방사선이 무해하다고는 할 수 없지만 방사선이 원전사고 이후에만 존재하는 것은 아니라는 사실도 명백하다.

자연방사선의 강도는 방사성물질을 포함한 광물이 많은 지역과 표고가 높고 우주선의 영향을 받기 쉬운지 아닌지 등 다양한 요인에 의해 지역적인 차가 존재한다.

〈그림 2〉를 보면 알 수 있지만 일본에서도 사고 이전의 방사선 수준(거의 자연방사선의 수치)은 0.1μSv/h를 넘는 장소부터 0.005μSv/h 이하인 거의 자연방사선이 검출되지 않는 지역까지 20배 정도의 차이가 발생하고 있다.

일본만 봐도 평상시의 공간선량이 높은 곳은 연간 1.26mSv인데

그림 2 일본의 자연방사선량

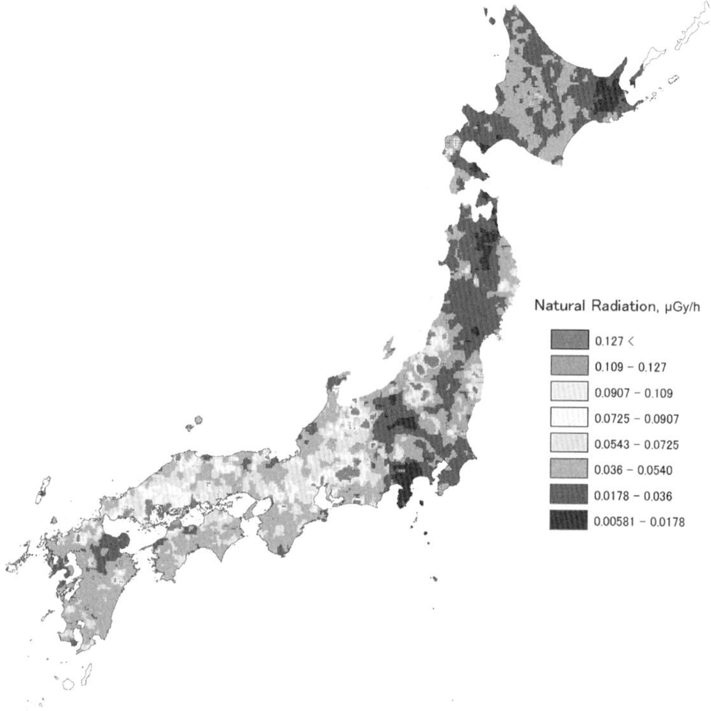

주: Gy/h는 Sv/h와 거의 동일하다
출처: 일본 지질학회 작성

세계적으로는 중국의 양장陽江과 인도의 케랄라 등 특히 자연방사선량이 높은 지역이 보고되고 있다. 가장 자연방사선이 높다고 하는 이란의 람사르에서는 연간 자연방사선량이 평균 10.2m*Sv*, 최대치는 260m*Sv*에 이른다고 한다.

2. 자연방사선의 인체 영향

그렇다면 그러한 장소에서 어떠한 장기적 영향이 나타나는가라고 하면 특별히 특정 질환의 증가를 인정할 만한 보고는 존재하지 않는 것 같다.

또 인간의 체내에는 구성물질으로서 칼륨이 있는데 그 일부는 방사성동위체로 이것도 방사능을 발생시키고 있고 다양한 식물에도 천연 방사성물질이 포함되어 있으며 식품과 물로부터의 내부피폭도 원전에 의한 오염이 없는 상태에서도 극히 적긴 하지만 발생하고 있다.

이들을 종합하면 인간은 세계 평균으로는 연간 2.4mSv 정도의 자연방사선을 쬐고 있다고 한다.

사고 등에 의한 인공방사선의 문제로 간주되는 수준이 자연방사선에 비교해서 훨씬 크면 자연방사선은 무시할 수 있지만 지금 장기적 영향에 관해서 문제시되는 수준은 연간 1mSv으로 자연방사선의 평균치가 높다고 말할 수 있는 수치이기 때문에 자연방사선의 존재를 무시할 수는 없다.

원래 생물은 자연방사선을 일정하게 쬐고 있으며 자연방사선이 상당히 높은 곳에서도 특별한 이상은 보고되고 있지 않기 때문에 여기에 인공방사선이 다소 더해져도 영향은 없을 것이라는 견해도 있다. 그러나 전문가 중에서는 생물은 오랫동안 자연적으로 존재하는 핵종에는 대응하는 기능을 지니고 있지만 인공적인 방사선물질에는 자연계에 존재하지 않았던 핵종이 포함되어 자연적으로 존재하는 핵종과 동일시할 수는 없다는 의견을 주장하는 사람도 있다.

애초부터 자연계에 천연으로 존재하는 것이 항상 무해한 것은 아니다. 강한 발암성을 지닌 석면은 천연소재이고 이 이외에도 다양한 독성물질이 자연계에 존재하고 있다. 최근에는 미야케지마三宅島의 화산분화에 따라 대량의 이산화유황이 방출되어 요코하마横浜 시 등에서도 환경기준의 2배 가까운 농도가 검출된 사례가 있는 것처럼, 애초부터 자연계에 존재한다고 하는 것은 아무런 해가 없다는 사실을 증명하지는 못한다. 실제로 방사성 라돈에 의한 영향으로 발암에 의한 사망자가 증가하고 있다는 보고도 있다.

그렇지만 공간선량의 경우 자연방사선과 인공방사선을 명확히 구분하는 것은 곤란하다는 점과 가령 방사능 오염을 제거하는 것을 생각했을 때 사고 이전의 자연방사선치 이하로 하는 것은 본질적으로 곤란하다는 점 등도 고려하면 방사선에 의한 위험성을 생각할 때 자연방사선의 존재를 무시할 수는 없다. 이 문제를 어떻게 생각할 것인가는 예를 들면 수도권의 지자체 등이 지역의 오염 방제 기준을 정할 때 자연방사선치를 고려하는 지자체가 있는 반면 무시하는 지자체도 있다는 데서 시사점을 찾을 수 있다.

5 방사선의 차이와 핵종의 차이

방사성물질에는 다양한 원소가 있고 각각 방출하는 방사선(γ선, α선, β선)의 종류가 다르며 그 에너지 수치도 다르다. 특히 내부피폭의 경우 체내에 섭취된 방사성물질은 균질하게 존재하는 것이 아니라 요소는 갑상선, 스트론튬은 뼈라는 식으로 원소에 따라 특정 장기에 집중되는 경우가 있다. 단순히 방사선량과 방사성물질량이 같다고 해도 그것이 어떤 핵종에 의한 것인가에 따라서도 인체에 대한 영향이 달라지는 것이다.

그런데 우선 간단한 계측기로 측정하기 쉬운 공간선량은 대개 γ선의 강도를 재고 있다. β선과 α선을 측정하는 것은 γ선보다 번거롭다. 그래서 β선과 α선을 방출하는 핵종의 조사는 상당히 번거로운 경우가 많다. 또 방사선이 측정되었다고 해도 그것이 어떠한 핵종이 방출하는 것인가는 간이계측으로는 특정할 수 없고 예를 들어 γ선의 스펙트럼 분석을 할 수 있는 기종 등 정밀한 측정기로 측정하여 핵종을 특정할 필요가 있으므로 전문가에 의존할 수밖에 없다.

그렇기 때문에 널리 측정되는 것은 소위 가이거계측기 등 간이측정에 의한 γ선의 공간강도 및 식품 등의 물질 수준에서 측정하기 쉬운 요소와 세슘으로, 그 이외 핵종의 존재 여부와 농도는 부분적으로만 측정되고 있는 것이 현실이다.

또 다양한 핵종에 의한 인체 영향을 살펴보면 칼륨 등 천연적으로 존재하는 핵종에 대해 생물은 오랫동안 이것을 적절히 배출하는 기능을 획득하고 있다고 한다. 이에 대해 생물이 평소 섭취하지 않는 인공 핵종 등은 체내에 들어갈 경우 충분한 배출기능이 없거나 경우에 따라서는 요소같이 비방사성의 요소를 집중하여 섭취하는 기능이 있는 곳에 방사성 요소가 들어가면 이것이 집중적으로 섭취되어 피해가 확대되는 문제가 발생한다고도 한다.

즉, 단순히 방사능이라는 말로 뭉뚱그려 말할 수 있는 것이 아니며, 어떠한 핵종이 어느 정도 존재하는가에 의해 방사능의 양(베크렐)은 동일해도 영향이 완전히 달라질 가능성이 있는 것이다. 따라서 방사능의 영향을 엄밀하게 검토하는 데에는 방사선의 강도와 방사능의 양뿐만 아니라 원인이 되는 핵종의 분석까지 필요하게 되는데 현실적으로는 대부분 거기까지는 분석되지 않는다는 사실을 인식할 필요가 있다.

6 외부피폭과 내부피폭

방사선을 피폭할 경우 체외의 방사성물질에서 방사선을 피폭하는 경우를 외부피폭, 호흡과 음식물 섭취 등으로 체내에 섭취한 방사성물질에서 방사선을 피폭하는 경우를 내부피폭이라고 한다. 뢴트겐 촬영에 의한 피폭과 방사성물질이 유출되지 않았던 JCO 사고[5]의 경우는 외부피폭만에 의한 영향이었지만 원전사고처럼 광범위한 핵오염이 발생한 경우에는 공간선량에 의한 외부피폭과 함께 확산된 방사성물질을 물과 식품, 공기 등을 통해 체내로 섭취함으로써 내부피폭도 더해지게 된다. 외부피폭의 경우 관통력이 큰 γ선에

5 〔옮긴이〕 '도카이무라JCO임계사고(東海村JCO臨界事故)'를 가리키는 것으로 1999년 9월 30일, 이바라기현 도카이무라에 소재한 핵연료가공시설 JCO에서 일어난 원자력사고이다. JCO의 핵연료 가공시설 내에서 핵연료를 가공하는 중에 우라늄용액이 임계상태에 도달하여 핵분열연쇄반응이 발생하였고 이 상황이 20시간 정도 지속되었다고 한다. 이로 인해 가까운 거리에서 중성자선에 노출된 작업자 3명 중 2명이 사망하고 1명이 중태에 빠지는 등 667명의 피폭자가 나왔다. 레벨4의 사고로 인정되기도 했다. 일본어 위키피디아 참조.

의한 영향이 크다고 간주되지만 내부피폭의 경우에는 관통력이 약한 α선과 β선은 오히려 가까운 세포에 방사선 에너지가 집중되는 결과를 빚기 때문에 좁은 범위에서 큰 영향을 준다고 한다. 외부피폭은 방사선량이 높은 곳에서 멀어지면 피할 수 있지만 체내에 섭취된 내부피폭의 경우 한번 피폭되면 체외에 배출되기까지 오랜 시간이 걸리고 그 영향 또한 지속된다. 또 요소가 갑상선에 집중하는 것처럼 방사성물질의 핵종마다 체내에서 움직임이 달라진다. 스트론튬 등은 칼슘과 성질이 닮아 있기 때문에 뼈에 집중되기 쉽다고 한다. 이러한 특정 장기에의 집중과 근방세포에의 영향 등을 생각하면 내부피폭에 의한 영향은 외부피폭보다 훨씬 크다고 생각되지만 아직 충분히 해명되지 않았다.[6]

---

6 치바지방법원 2010년 5월 25일 판결을 인용한다. 증인 이치카와 사다오(市川定夫)(사이타마埼玉대학 명예교수)에 의한 내부피폭의 특징을 지적하면 다음과 같다.

(a) γ선과 같이 비정(飛程)이 긴 방사선의 선량은 방사선원(源)에서의 거리의 제곱에 반비례하므로, 체외에 방사성 핵종이 존재하는 경우에 수용하는 체외 피폭과 비교했을때 그것이 체내에 들어갔을 때 받는 체내 피폭의 선량은 격차가 크다.

(b) α선과 β선은 비정거리가 짧고, 생물조직 중에서 α선이 0.1mm 이내, β선이 1cm 이내밖에 투과하지 않으므로, 이것을 방출하는 핵종이 체내에 들어가면, 그 방사선 에너지의 대부분이 흡수된다. 특히, α선의 생물효과는 크고, 1Gy에서 10~20Sv이나 되며, 짧은 비정거리 내에서 집중적으로 조직에 에너지가 투여되어 많은 유전자를 절단할 뿐만 아니라, 전리밀도가 크기 때문에, DNA의 이중 나선형의 양쪽이 절단되어 잘못된 수복을 행할 가능성이 증대한다.

(c) 인공방사성 핵종에는, 생체 내에서 두드러지게 농축되는 것이 많다. 예를 들어 방사성 요소는 갑상선, 방사성 스트론튬(strontium)은 골조직, 방사능 세슘은 근육 또는 생식선 등, 핵종에 의한 농축된 조직과 기관이 특이하게 정해져 있으므로, 특정의 체내 부위가 집중적으로 체내 피폭을 받게 된다.

(d) 시간이 흐르게 되면 문제가 되며, 체외 피폭과 달리 체내 피폭의 경우에는 그 핵종이 체내에 침착, 농축되어 그 핵종의 수명에 따라 체내 피폭이 계속된다. 예를 들면, 반감기가 28년인 스트론튬 90이 골조직에 침투하면 β붕괴를 반복하며, 또

일단 내부피폭이 발생한 경우 방사성물질을 소멸시킬 수 없으므로 화학독극물의 경우와 같은 해독제가 존재하지 않는다. 내부피폭을 경감시키기 위해서는 체내에 섭취된 방사성물질을 체외에 배출하는 방법밖에 없고 이를 위해서는 생물이 자연적으로 몸에 지닌 배설능력에 의존하면서 동시에 이를 촉진하는 치료법을 사용할 수밖에 없다.

원폭 후유증 인정소송에서도 정부가 근거로 삼은 보고서 등에서는 내부피폭에 대해서 과소평가되어 있다고 하는 판단이 있다(치바千葉지방법원 2010년 5월 25일 판결 등).

역으로 말하면 원폭의 사례에서도 체르노빌의 사례에서도 외부피폭과 내부피폭 모두가 발생하고 있기 때문에 원래 외부피폭량과 내부피폭량의 자세한 데이터가 없으면 그 영향에 대한 올바른 판단을 할 수 없지만 후술하는 것처럼 그 시점에서의 충분한 데이터가 있는 것도 아니다.

그럼에도 불구하고 예를 들면 식품의 안전기준의 전제로서 지금의 잠정기준은 피폭량 연간 5mSv 이하를 기준으로 삼아 거기서 역산하여 기준이 설정되어 있지만(5mSv가 괜찮은지 아닌지라는 문제는 차치하고), 내부피폭을 외부피폭과 동일한 기준으로 생각해도 되는지 아닌지에 대해서도 견해가 통일되어 있지 않다는 게 큰 문제이다.

한 스트론튬 90이 붕괴해 생긴 이리듐 90도 β선을 방출하기 때문에 오랜 기간에 걸쳐 그 주변에 대해서 β선의 체내 피폭이 계속된다.

7 유익한 방사선 이용과의 관계

사고 직후 주변 환경에 방출된 방사성물질에 의한 피폭을 뢴트겐 촬영 몇 회분 정도라는 식으로 설명했던 것은 기억에 새롭다. 〈그림 3〉은 흔히 사용되고 있는 방사선의 양과 다양한 사례의 관계를 그림으로 나타낸 것이다.

병원 등에서 일정량의 인공방사선에 노출되고 있기 때문에 일정 정도 이하의 방사능의 영향은 무시해도 좋다고 하는 의견도 있다. 자연방사선에 대한 견해와 유사한 점도 있지만 의료에서 사용되는 방사선, 특히 치료 목적에서의 조사照射는 상당히 높은 수준일 때도 있다.

뢴트겐 촬영과 방사선치료 등 의료행위와 관련하여 방사선이 유익하게 사용되고 있는 것은 확실하다. 더 나아가 암 치료와 골수 이식 등에도 방사선이 사용되는데, 검사를 위한 X선 촬영 등과 비교하면 조사량이 훨씬 다량이다. 그러나 의료행위 시에는 방사선 피폭에 의한 영향과 방사선을 이용에 따른 의학상의 장단점을 계산하여 전문가인 의사의 감시하에 유익한 범위 내에서 필요한 방사선을 필요한 한도에서 이용하고 있는 것이다. 당연히 거기에는 일정한 부작용도 있을 수 있지만 본래의 목적에 부합하는 한에서 허용되고 있을 뿐, 어떤 이점도 없는 사고에 의한 방사선 피폭을 이와 동일하게 볼 수는 없다. 무엇보다 의료용 방사선, 특히 건강진단과 같은 경우들에서의 X선 피폭 등에 관해서도 검사에 의한 이득과 피폭에 의한 다수의 영향을 비교하여 검사의 유효성을 의문시하는 입장도 있다. 결국 의료에서 사용되고 있다든지, 의료용과 비교한다는 식의 판단은 원래 해서는 안 되는 것이다.

이와 관련하여 최근 고후甲府 시의 병원에서 검사용으로 사용하는 방사성물질(테크네튬)의 양을 담당 기사가 본래 사용량보다 높게 설정한 결과 특히 어린이가 다량의 방사선에 피폭되고 있었다는 보도가 있었다. 보도에 의하면 어린이 150명이 규정을 넘는 평균 약 30m*Sv*, 많은 아이들이 150m*Sv* 이상 피폭되고 있었다고 보도되고 있다(아사히신문 2011년 8월 31일). 투여된 방사성물질의 양이 60~1000M*Bq*라는 보도도 있다(산케이産経신문 2011년 10월 1일). 이 양은 현재 후쿠시마 등에서 문제시되고 있는 내부피폭량에 비하면 압도적으로 많은 양이다. 그러나 테크네튬의 방사성동위체의 반감기는 1시간 이하로 세슘 등의 내부피폭 상황과는 크게 다르다고 볼 수 있다. 그러나 의료 목적이어도 적정한 방사선과 방사성물질의 관리가 필요하다는 사실을 다시 한 번 인식하게 하는 보도로 앞으로의 영향조사 등도 주목할 필요가 있다.

8 충분한 실증데이터가 없다는 사실—과거 데이터의 역사적 의미

1. 방사선의 장기적 영향에 관한 두 개의 사례

방사선의 영향, 특히 장기적 영향에 대해 논의할 때 반드시 함께 비교되는 것이 1945년의 제2차 세계대전 중의 히로시마·나가사키의 원폭 피해와 1986년의 체르노빌 원전사고이다.

그림 3 방사선의 양과 다양한 경우와의 관계

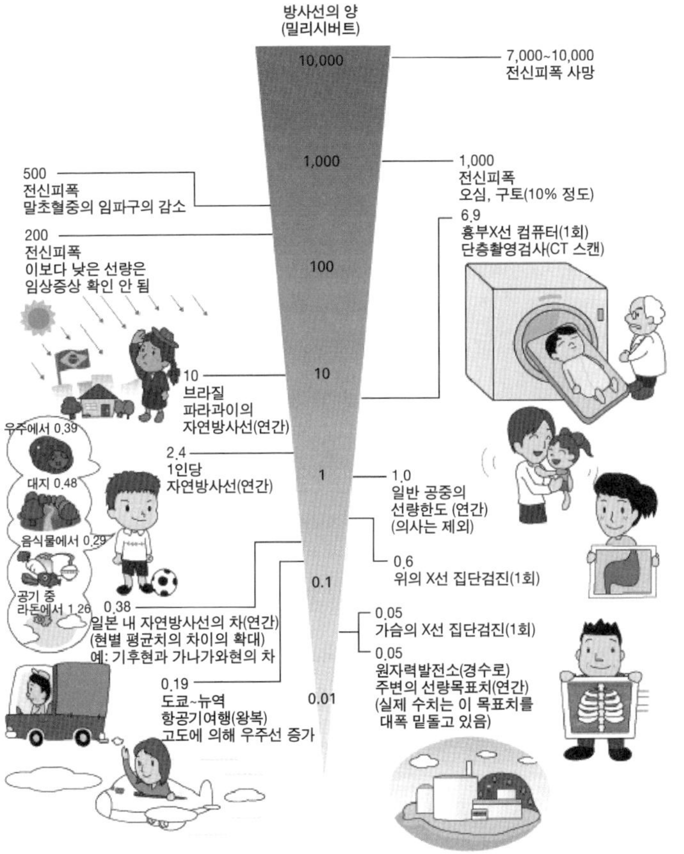

주 1: 이 그림 중의 수치는
(i) 실효선량 해당치 또는 실효선량으로 기재
(ii) 2000년판의 UN방사선영향과학위원회 보고에 의거

주 2: 자연방사선량에 대해서는 호흡을 통한 라돈의 효과를 포함한 상황의 수치(방사선의학종합연구소 조사에 따름)

출처: 〈원자력교육지원정보사이트〉 http://www.atomin.go.jp/reference/radiation/body/index05.html

인류가 지금까지 경험한 대규모 방사선 피폭의 사례들은 히로시마·나가사키의 원폭 피해, 체르노빌 원전사고, 그리고 이번 후쿠시마 제1원전 사고 이외에도 구 소련 시대의 우랄지역에서 대규모 핵폐기물의 폭발사고가 일어났던 것과 영국의 윈즈케일Windscale 원자로 화재사고, 미국의 스리마일Three Mile Island 원전사고, 대기권 내 핵실험 등에 따른 주변 주민과 실험 종사자들의 피폭 등 다양하다. 하지만 방사선에 의한 건강피해가 발생하는 수준의 피해자가 상당수 존재하여 그 후의 방사선에 의한 영향에 대해서 추적조사 등도 어느 정도 이루어진 것은 히로시마·나가사키의 원폭 피해와 체르노빌 원전사고에 한정된다. 이런 이유로 방사능에 의한 인체에의 영향은 세계적으로 주로 이 두 개 사례의 조사 분석에서 얻어지고 있다.

특히 비교적 낮은 방사선량의 영향에 의한 장기간 경과 후의 발암 등 소위 저선량 피폭에 의한 확률적 영향이라는 것에 관해서는 이 두 사례를 어떻게 연구하는가에 따라 다양한 견해가 나오고 있는 실정이다.

방사선에 의한 생물에의 영향은 과학적인 사실로 엄밀한 데이터가 있으면 그것을 참고로 하여 과학적으로 검토하고 그 결과를 토대로 사회적인 규제를 정해야 하겠지만 이 두 사례에 관한 조사 분석이 완전히 중립적·과학적으로 이루어졌는가에 관해서는 그 시대적 배경을 무시할 수 없다.

2. 히로시마·나가사키의 원폭 피해

핵의 실용화는 제2차 세계대전 때 원자폭탄 개발로 시작되어 수소폭탄의 개발(1952년), 원자력 잠수함의 동력 개발(1954년), 민생용으로서 원자력발전의 실용화(1954년), 사용 후 핵연료의 재처리라고 하는 흐름으로 진행되어 왔다. 원폭·수폭과 원자력 잠수함, 원자력 항공모함이 군사상 가장 중요한 기술이라는 사실은 두말할 필요도 없지만 민생용 원자력 발전 시에도 사용하는 우라늄 연료의 제조기술은 우라늄 농축기술로서 우라늄형 원폭의 제조기술에 직결된다. 원자력 발전 시 사용 후 핵연료에는 플루토늄이 포함되기 때문에 그 재처리기술은 플루토늄형 원자폭탄의 제조기술에 직결되어 있다. 또한 역사적으로 히로시마·나가사키에의 원폭 투하는 제2차 세계대전 말기 전쟁 중의 사건으로 그 후 오랫동안 미국과 구 소련에 의한 동서 냉전체제가 지속되었다.

히로시마·나가사키의 원폭 피해는 또한 인류 최초의 핵무기 사용으로 그 위력(파괴력과 인간에의 영향, 잔존 방사능 등)은 사용 직후에는 전쟁 중의 신무기에 의한 피해로서 일본 국내에서는 비밀로 취급되었고, 패전 후에는 점령국 미국에 의해 핵무기의 위력이라는 군사기밀에 해당되는 정보로서 취급되었다. 핵무기에 의한 피해 중에서도 잔존 방사능에 의한 영향은 우선 통상적인 무기에는 없는 피해로 핵무기의 잔학성을 나타내는 데이터로서 평화운동과의 관계가 고려되었음이 틀림없다. 일본 정부는 연합국(실질적으로 미국)에 의한 점령 시대는 말할 것도 없고, 그 후에도 서방 진영으로서 미국의 이익에 반하는 자주적인 행동을 취할 수 있는 상황은 아니었다. 또 한편 동서 냉전체제하에서는 원폭·수폭의 실제 사용이 진지하게 검토되었지만 전장에서 핵무기가 사용된 경우 잔존 방사능, 특히 그 후의 전투에 종사하는 병사에 대한 영향이 군사행동을 제약하는 점도 고려되었음에 틀림없다. 양쪽 다 잔존 방사능에 의한 인체 영향을 가능한 한 축소시키고자 하는 정치적 고려가 항상 있었다고 봐야 할 것이다. 이에 관련해서 원폭의 피해자 조사자료도 오랫동안 군사상의 비밀로 취급된 경위가 있다.

이와 함께 주의해야 하는 것은 원폭의 경우 폭발 시에 대량의 강한 방사선이 일순간에 발생하여 크게 피폭한다는 점이다. 이와 함께 방출된 방사성물질에 의한 주변의 오염에서 발생한 저수준의 방사선에 의한 일정 기간 지속되는 피폭과 내부피폭이 존재한다. 이 두 가지가 동시에 존재한다는 점에서 이번 원전사고와는 상당히 피폭 형태가 다르다는 것은 명백하다.

또 원폭에 의한 방사능의 영향에 대해서는 원폭 후유증 인정을 둘러싼 소송에서 특히 내부피폭을 경시하는 점이 문제시되고 있다.

3. 체르노빌 원전사고

체르노빌 원전사고는 1986년 동서 냉전체제하의 사건으로 소련으로서는 국내적·국제적으로도 원전사고에 의한 영향을 가급적 축소하여 보여 줄 필요가 있었다. 원전사고 발생 직후에는 사고 자체가 은폐되어 있었고 유럽에서의 방사능 검출로 인해 발각된 사실은 유명하다. 그 후 경제적으로 피폐해졌던 소련은 사회체제가 혼

미를 거듭한 결과 1991년에 체제가 붕괴하기에 이르렀다. 그럼에도 불구하고 소련 시대에는 공산당 독재체제 아래 철저하게 정보가 통제되어 체르노빌 원전사고의 정보에 대해서도 비밀주의가 취해져 있었다. 그 후 우크라이나와 벨라루스가 독립하였기 때문에 겨우 사고정보가 공개되기 시작했지만 소련 붕괴에 따른 경제적 혼란 등으로 인해 충분히 피해자 조사가 이루어졌다고는 말하기 어렵다.

그렇다면 대립하는 입장에 있었던 서방 국가의 정부들은 체르노빌 사고의 영향이 대규모라고 선전했는가? 이쪽도 또한 원자력산업의 확대에 지장이 되는 원전사고의 영향을 가능한 한 축소하여 보여 주고자 하는 사회적 배경에서는 소련과 이해를 같이하고 있었다고 말할 수 있을 것이다. 일본 역시 당시 체르노빌 사고는 일본이 도입하고 있는 경수로와 가압수로와는 원자로의 종류가 다르기 때문에 비슷한 사고는 절대 일어나지 않는다고 평가하고 있었다.

4. 방사선의 장기적 영향을 판단하는 어려움

이렇게 히로시마·나가사키도, 체르노빌도 정보공개 및 객관적인 조사, 연구가 이루어지기가 어려웠던 시대적, 사회적 배경에서 일어났다는 사실을 염두에 두고 다양한 자료를 검토할 필요가 있다.

또 하나 장기적 영향에 대해서 판단이 어려운 점은 동물실험에 의한 실증이 곤란하다는 점이다. 예를 들어 역치의 유무를 명확하게 하기 위해서는 상당수의 실험동물로 실험을 할 필요가 있다. 또 장기적 영향은 사람의 경우 수십 년이라는 오랜 기간이 경과한 후에 나타나는 것도 있어서 실제로 이것을 실험에 재현하는 것은 용

이하지 않다. 더불어 동물의 방사선에 의한 영향은 종에 따라서 상당히 달라서 동물실험의 결과를 그대로 인간에 적용할 수 없다. 또 작은 실험동물의 경우 기껏해야 수명이 1~2년 정도여서 그 사이의 영향만으로 장기간에 걸친 영향을 재현하는 것은 곤란하다. 이러한 사정을 고려할 때 장기적인 영향에 대해서 동물실험을 통한 엄밀한 검증은 어렵기 때문에도 2개 사례의 조사결과에 의존하지 않을 수 없는 것이 현실이다.

인간의 경우 원폭 피해자와 체르노빌 피해자 등에 발암 등의 증가가 보이는가를 정확하게 검증하기 위해서는 다른 조건이 같고 피폭만이 다르다고 하는 대조군을 적절하게 설정하여 그들과 비교하는 것이 역학적으로는 중요해지지만 이것도 쉽지 않은 문제이다.

더 나아가 역사적으로는 발암 위험이 높은 식품첨가물의 금지와 금연운동, 전 세계에 영향을 끼친 대기권 내 핵실험의 영향 등 다양한 발암 요소가 시대와 함께 변천해 왔으므로 이 영향들을 배제한 채 특정한 방사능 오염에 의한 영향에 한정하여 판단하기는 어렵다.

9 정책적 판단의 여지와 편향

이렇게 방사선의 영향에 관해서는 너무나 많은 불확정 요인과 정치적 사정이 존재하고 있다는 사실을 알 수 있다. 각각의 요소를 어떻게 고려하는가에 의해 방사선의 영향에 대한 견해는 완전히 달라진다.

환경법의 원칙으로서 예방원칙이 있다. 이것은 영향이 명확하지 않은 것에 대해서는 피해 확대 방지라는 관점에서 가급적 안전한 쪽으로 생각한다고 하는 원칙이다. 기본적으로는 방사능 피폭에 대한 이해는 예방원칙에 입각할 필요가 있을 것이다.

그러나 현실 사회에서는 이에 더해 사회적인 제 요인을 고려한 정치적 판단이 이루어진다. 정치적 판단이란

① 피해자에 대해 가해 기업과 정부가 배상책임을 지는 경우에는 그 대상범위와 부담액이 어떻게 되고 현실적 부담이 가능한가, 아닌가
② 피해회복을 위해 토양의 교체와 건강진단 등의 행정적 대응이 필요한 경우, 그것을 어느 범위에 적용하고 어느 정도의 비용이 필요하며 이를 어떻게 염출할 것인가
③ 피난을 명한 경우 그에 의한 사회적 영향의 내용, 정도, 피난에 요하는 비용과 그 부담
④ 대외적인 영향의 고려
⑤ 입장의 차이: 원자력산업을 확대하고 싶다는 입장인가, 환경보호를 우선하고 싶은 입장인가

등의 요소를 고려한 판단이다.

1. 가해 기업과 정부의 현실적 부담 문제

①에 관해서는 예를 들면 미나마타병과 원폭 후유증 등은 인정 환자에 대해 일정한 시책을 수행하는 제도가 만들어졌지만 환자로서 어디까지 범위를 인정하는가가 문제가 되어 발생한 지 수십 년이 경과해도 미나마타병과 원폭 후유증의 인정을 둘러싸고 다수의 재판이 제기되어 법원이 행정판단을 부정한 판결이 축적되어서야 겨우 해결이 가능해진 사실을 지적할 수 있다.

2. 행정적 대응의 범위 및 비용의 문제

②에 관해서는 방사능 오염치를 어떻게 방제하는가에 대해 아직 거의 예측이 되어 있지 않다. 어떠한 방법에 의해 방제가 가능한가, 어느 수준까지 방제하는가, 누가 방제 행위를 행하는가, 방제에 필요한 비용은 누가 부담하는가라는 문제를 해결할 필요가 있다.

참고로 카드뮴의 오염을 둘러싸고 진즈가와神通川 유역에 농업용지토양오염방지법에 근거하여 일부를 기업 부담으로 하고 국비를 투입하여 토양오염대책사업이 이루어졌다. 이것은 객토에 의한 오염토양의 교체 등에 의해 원상회복을 지향한 사업으로 아마도 이번 방사능오염 농지의 회복에도 선례가 될 것으로 생각된다. 이에 관련하여 1979년도부터 1964년도에 행해진 제1차(시범)지구는 사업량 90ha의 소규모로서 사업비 약 24억 엔, 기업부담률 35.13%(약 8.8억 엔)이었다. 1983년도부터 1994년까지 행해진 제2차 지구는 당초 사업량 441ha 사업비 124억 엔을 예정하였지만 도중에 계획의 수정, 축소로 인해 356ha, 약 101억 엔이 되어 기업

부담률은 약간 상승하여 39.39%(약 40억 엔)이 되었다. 1992년도부터 착수되어 2004년도까지를 예정하고 있는 제3차 지구는 사업량 437ha, 사업비 261억 엔, 기업부담률 39.38%(약 103억 엔)이다.[7]

이와 관련하여 이번 사고에 의한 오염지역의 방제에 대해서 환경성은 오염의 정도와 삼림을 어느 정도 방제하는가에 따라 방제에 의해 발생하는 토양의 양을 508만 ㎥부터 2,808만 ㎥ 사이로 추정하고 있다.

환경성의 추정은 토양의 양과 면적에 대해 연간 피폭선량이 각각 〈1〉 20밀리시버트 이상, 〈2〉 5밀리시버트 이상, 〈3〉 5밀리시버트 이상과 부분적으로 1밀리시버트 이상으로 단계적으로 상정하고 있다. 이것들을 더 나아가 삼림에서의 방제율에 대해 100%, 50%, 10%의 총 9개의 범주로 나눠서 〈가옥·마당〉 〈학교·보육원〉 〈농지〉 등의 수치를 추정하고 있다.

그에 따르면 오염토의 최대량은 〈3〉의 삼림 100%로 2808㎥. 최소량은 〈1〉의 삼림 10%에 508㎥. 5밀리시버트 이상 지역은 가옥과 마당 102만 ㎥, 학교와 보육원 56만 ㎥, 농지 1,742㎥ 등으로 되어 있다. 총량은 삼림 100%의 경우 2797만 ㎥로 면적은 1777㎢이다.

이와 관련하여 이 대상면적 1777㎢에 카드뮴 대책의 토양대책비용을 적용해 보면 약 10조 엔이라는 수치가 된다. 오염방제 대상

7 요시다 후미카즈(吉田文和, 홋카이도〔北海道〕대학 경제학부교수), 〈폐기물과 오염의 정치경제학(廃棄物と汚染の政治経済学)〉 http://www.hucc.hokudai.ac.jp/~j15275/hyoushi.html

표 1 방제로 인해 발생한 오염토양량의 추정

연간의 피폭선량	삼림의 방제		
	100%	50%	10%
〈1〉 20마이크로시버트(μSv) 이상	735만 m^3	610	508
〈2〉 5마이크로시버트 이상	2797	2377	2041
〈3〉 1~5마이크로시버트의 지점을 〈2〉의 부분에 추가	2808	2389	2053

출처: 요미우리신문, 2011년 9월 25일

에 삼림도 포함되는 점, 방사성폐기물은 화학적인 무해화처리가 불가능하다는 점 등을 생각하면 아마도 카드뮴 이상의 비용을 필요로 하게 될 것이다.

3. 피난명령에 의한 사회적 영향의 문제

③에 관해서는 이번 사고에서는 20㎞까지는 피난구역, 30㎞까지는 피난준비구역, 20㎞ 권외에서도 오염도가 높은 구역은 계획적 피난구역으로 지정 되었는데 이 대상이 된 인구는 〈표 2〉에 나와 있다. 20㎞권 내의 인구가 약 78,000명, 20~30㎞권이 약 6,200명이었는데 이보다 바깥에 피난의 범위를 확대하면 이와키いわき 시, 소마相馬 시, 미나미소마南相馬 시, 후쿠시마福島 시 등 인구가 많은 지역이 포함되어 단번에 대상인구가 급증하게 된다.

급성의 건강 영향이 우려되는 수준의 오염지역에 관해서는 이론의 여지없이 피난시킨다는 결론이 나올 수 있을 것이다. 사고 초기에는 그러한 우려가 있는 지역으로서 일정한 범위를 지정한 점은 (그 범위가 적절했는가는 차치하고) 피할 수 없었던 일이라고 생각

표 2 피난지표 및 실내 대피구역의 인구, 잔류자 수 및 피난자 수

시정촌명	총 인구(명)	0~20km권 인구(명)	20~30km권 인구(명)	(잔류자수)(명)(4/11현재)	30kw권외 인구(명)	피난자수(명)※1 (4/13현재)
다무라(田村)시	약 40,400	약 600	약 3,200	약 1,200	약 36,000	2,997
미나미소마시(南相馬市)	약 70,900	약 14,300	약 47,400	약 30,000	약 9,200	5,713
히로노마치(広野町)	약 5,400	약 200	약 5,200	약 110	0	5,000
나라하마치(楢葉町)	약 7,700	약 7,700	6	0	0	7,800
도미오카마치(富岡町)(전 지역 20km권 내)	약 16,000	약 16,000	0	–	0	15,480
가와우치무라(川内村)	약 2,800	약 1,100	약 1,700	약 130	0	2,997
오쿠마마치(大熊町)	약 11,500	약 11,500	0	–	0	11,363
후타바마치(双葉町)	약 6,900	약 6,900	0	–	0	6,884
나미에마치(浪江町)	약 20,900	약 19,600	약 1,000	약 150	약 300	17,793
가쓰라오무라(葛尾村)	약 1,500	약 300	약 1,300	약 80	0	1,497
이타테무라(飯舘村)(전 지역20km 내)	약 6,200	0	약 300	약 140	약 5,900	2,438
이와키시(いわき市)(전 지역 20km권 내)	약 342,200	0	약 2,200	약 310	약 340,000	3,042
합계	약 532,500	약 78,200	약 62,400	약 32,100	약 391,900	83,004

※1 피난자 수는 30km권 밖에서 피난한 주민, 원자력 이외의 피난주민도 포함할 수 있다는 점에서 주의할 것.
※ 가와마타마치(川俣町)는 30km권 외에 있고, 총 인구 수는 약 15,600명

출처: 문부과학성작성 〈피해상황과 정부등에 의한 대응 현황에 관하여(被害状況と政府などによる対応の現状について)〉 http://www.mext.go.jp/b_menu/shingi/chousa/kaihatu/016/attach/_icsFiles/afieldfile/2011/04/18/1305143_1.pdf

된다.

사고 초기 단계에서는 사실은 정부 내에서는 최악의 경우 피난구역을 200~300*km*까지 확대하는 것도 고려하고 있었다고 나중에 보고된 바 있다. 그와 함께 적절하게 판단할 정보가 충분하지 않았다는 사실도 보도되고 있다(2011년 9월 21일 니혼게이자이신문, 간 전 총리의 인터뷰). 이러한 상황을 참조하면 결과적으로는 당초의 20*km*, 30*km*라는 범위는 즉시 피난을 필요로 하는 범위로서는 현실적인 것이었다고 할 수 있을지도 모르지만 그것은 우연히 사고가

이 정도에서 그쳤기 때문에 문제가 없었던 것 같다.

이번 사태에서 피난구역을 설정할 때, 피해확대의 가능성을 어디까지인가에 염두에 두고 피난구역을 설정했던 것인가, 그 때 대상인구 등의 요소를 어디까지 고려했던 것인가 등에 대해 반드시 사후적으로 당시 판단의 타당성의 검증이 제대로 이루어지길 바란다.

이후에 오염의 실태를 참고한 계획적 피난구역과 특정 피난권장지점의 지정기준 등이 충분한가 아닌가에 대해서는 당연히 논의가 있지만 특히 장기적 영향을 어디까지 고려해야 하는가라는 것은 커다란 사회적 문제이기도 하다. 가령 공간선량 1μSv/h의 구역까지 피난을 생각한다고 하면 후쿠시마 시를 비롯하여 상당한 범위가 피난대상구역이 될 가능성이 있다. 건강에 영향이 있는 경우에는 아무리 사회적 영향이 커도 피난을 시켜야 한다는 견해도 당연히 존재할 것이다. 영향이 경제적인 것에 머무른다면 돈의 문제이기 때문에 피난을 우선하는 것이 합리적이다. 그러나 지역 전체가 피난하는 경우에는 그 영향은 돈 문제에 머무르지 않는다. 예를 들면 장기입원 중인 환자와 고령자 등 이동 자체와 환경변화가 스트레스가 되어 사망에 이를 가능성도 있고 공동체의 붕괴가 원인이 되어 발생하는 생활상의 문제 등 금전으로는 해결할 수 없는 문제도 있다. 한편 장기적 영향은 확률적인 영향으로 간주되므로 이러한 피난에 의해 발생할 제 문제와 확률적 영향의 비교에 의해 판단하지 않을 수 없는 측면이 있지만 어느 면도 너무나 불확정 요소가 크기 때문에 사람에 따라 무엇을 중시하는가에 의해 결과적으로 상당히 입장이 달라지게 된다.

4. 피난와 방제에 의한 대외적 영향의 문제

④ 피난시키고 방제를 하는 등 정책결정을 내리는 것은 대외적으로 바로 그 지역의 오염을 명확하게 하는 일이다. 판단의 기준이 일률적으로 명확하면 문제는 없지만 앞에서 서술한 것처럼 불확정요인이 많기 때문에 판단은 하기 어려운 문제가 된다. 이에 대해 요즘은 인터넷 등에 어느 정도의 오염상황 등에 대한 정보가 떠돌아다니기 때문에 국가와 지자체라고 적절하다고 생각되는 대응을 하지 않으면 소극적 대응의 지자체라고 내외에서 비난받는 반면 적극적으로 대책을 결정하면 오염지역이라는 사실이 결정적인 것으로 되어 버린다.

이러한 상황에서 지자체는 피난과 방제의 기준을 설정하고 결단을 내려야 하는데 어느쪽으로 판단을 내린다고 해도 예산과 대상 주민에 대한 대응, 대응 인원의 준비 등 많은 부담이 필요해지기 때문에 국가의 명확한 기준과 지원이 드러나지 않는 와중에 적극적으로 대응을 하기는 쉽지 않다.

5. 원자력산업에 대한 입장의 차이

⑤에 관해서는 더 이상 많은 말이 필요로 하지 않다. 이만큼 고려요소가 많고 각각 불확정요인이 있는 방사능의 영향에 대해서는 어떠한 입장에 서는가, 그에 따라 각 요소에 대해 무엇을 가장 엄격하게 보는가 가장 가볍게 보는가에 따라 종합적인 판단은 완전히

달라진다. 그것이 전문가 사이에서도 커다란 견해 차이가 발생하는 원인이다. 학자와 전문가의 판단도 의식적이든 무의식적이든 이러한 가치판단에서 완전히 분리되어 결론을 내리는 것은 불가능하다. 이것을 고려하지 않고 결론만이 제시되어도 그것을 시민은 과학적·중립적 판단으로는 받아들이지 않을 것이다.

2부

확대되는 방사능 오염과 법규제의 현황

제 **3** 장

일본에서 방사능규제의 기본적 상황

1 행정규제의 사회적 의의와 방사능규제의 문제

이번에 대규모 원전사고가 발생하여 광범위한 방사능 오염이 발생했다. 다행히도 시민 중에는 급성방사능증상이 나타날 만큼 피폭된 사람은 없었던 것 같지만 처음 광역피난이 지시되었고, 적어도 상당한 정도의 방사능 오염지역이 광범위하게 발생하면서 식품 등에도 오염이 발생하는 등 다양한 문제가 발생했다.

이번 사고로 명백해진 사실은 지금까지 정부가 일본에서는 이러한 중대한 원전사고는 일어나지 않는다고 생각하고 있었기 때문에, 이 사태에 대해서 대처할 수 있는 법제도가 거의 정비되어 있지 않았다는 사실이다. 즉, 방사능에 관한 공간선량과 토양오염의 환경기준, 식품의 기준, 폐기물의 기준 등 이번 사고로 인해 발생한 막대한 방사능 관련 문제에 대해 사전에 법령에 의한 기준과 대책수단이 거의 설정되어 있지 않았던 것이다.

법치국가의 원칙으로서, 모든 국가와 지자체, 그리고 시민의 행동은 법령의 기준이 있다면 이것에 기반하여 이루어지는 것이 원칙이다. 다양한 환경기준과 안전기준 및 그에 입각한 처리방법은 그를 위해 긴 시간에 걸쳐 과학적 지식의 평가와 합의 형성에 입각하여 정해지고, 혹은 오랫동안 운용경험에 입각하여 개정되어 그것을 따르면 커다란 혼란이 발생하는 일 없이 사회를 운영할 수 있다.

다양한 대기오염물질에 관한 환경규제를 봐도 전후의 산업발전에 따라 대기오염이 격화되면서 서서히 규제가 시작되었으나 그래도 다수의 피해자가 발생한 바 있는 데다 욧카이치 시四日市 공해소송과 그에 이은 공해재판을 경험했으며, 이후 산업형태의 변화와 자동차공해 등에 대응하며 사회의 콘센서스(합의)로서 현행의 환경기준이 존재하게 되었다. 이미 설명한 대로, 폐기물에 관해서도 다수의 분쟁사례와 중독사고 등의 경험도 참조하여 유해폐기물의 정의와 그에 응한 처분방법, 사업자의 자격 등 다양한 규제와 기준, 자격이 정해져 있다. 식품의 안전기준도 동일하다. 오랜 기간의 경험과 중독사례에 입각하여 안전기준이 정해져서 생산자도 그것을 충족하는 생산시스템을 설치하여 기준에 적합한 식품이 유통되고 있다.

확실히 다양한 행정규제의 기준은 그것이 정해질 때, 인체에 어느 정도라면 영향이 있는가라는 과학적인 지식이 판단의 근저에 있어서 이것에 대해 일정한 안전율 등을 예상할 수 있도록 정해져 있다. 그러나 과학적 지식이라고 해도 반드시 명확한 것에서부터 그만큼 확실하다고 할 수 없는것에 이르기까지 여러 종류가 있다. 현실의 행정규제 수치는 다양한 과학적 지식 중 무엇을 근거로 하는가를 비롯해 기준 확보에 필요한 기술의 유무, 비용, 당해물질의 유익성 등 다양한 사회적 요인을 종합적으로 고려한 후 경우에 따라서는 각종 공해투쟁처럼 현장에서의 실력행사부터 민사의 재판사례 등 정부, 산업계와 피해자·시민과의 다양한 투쟁의 결과에 의거하여 말하자면 사회적인 합의로서 형성되어 온 것이다. 따라서 현재 정해져 있는 다양한 행정 규제치는 단순히 인체에 대한 영향만을 과학적으로 검증한 결과만으로 결정된 것은 아니다.

사회에는 이러한 오랜 기간 동안 형성되어 온 행정규제의 기준이 있고 그것을 전제로 하여 현실 사회는 원활하게 움직이고 있다. 갑자기 대기오염의 환경기준과 폐기물의 규제, 식품의 안전기준 등의 행정규제가 없어져 버리면 얼마나 사회가 혼란스러울 것인지는 너무나도 명백하다. 이번 방사능 오염에 따른 방제 문제는 바로 그러한 상황에 일본 전국이 갑자기 처한 것 같은 것이라고 할 수 있다.

그러한 상황에서 충분한 사회적 합의가 없이 정부가 일방적으로 기준을 제시하였다고 해도, 가령 그 배경에 일정한 인체영향에 관한 지식과 견해가 있다고 해도 그것은 다른 행정규제와 비슷한 의미에서의 사회적 합의는 되지 못한다. 방사선에 관한 다양한 규제가 긴급사태라고는 해도 사회적인 합의의 형성이라는 점을 제외하고서 진행되려고 하고 있다. 이것이 바로 아무리 정부가 기준 이내이므로 안전하다고 해도 많은 국민이 그것을 신용할 수 없는 이유이다.

2 방사능에 관한 환경기준의 부재와 피폭한도

1. 방사능에 대한 환경기준의 부재

일본에는 방사능에 대한 환경기준이 존재하지 않았다고 하면 어불성설이라고 생각될지도 모른다. 확실히 후술하는 것처럼 다양한 방사선의 안전기준과 방사성폐기물의 판단기준 등 다양한 기준이 사고 전부터 정해져 있었기 때문에 전혀 기준이 없었던 것은 아니다. 예를 들면 대기오염에 관해서는 SO_2(이산화유황)과 CO(일산화탄소) 등에 대해서는 환경기준법에 기반한 고시에 의한 환경기준이 정해져 있다. 즉, SO_2에 대해서는 "1시간 수치의 1일 평균치가 0.04ppm 이하이고 1시간 수치가 0.1ppm 이하일 것"으로 정해져 있는 것이다. 그러나 방사능에 관해 이에 상당할 만한 환경기준, 예를 들어 공간선량은 매년 몇 μSv 이하라고 하는 기준은 정해져 있지 않다. 법률로 방사능의 환경기준이 정해지는 것이 좋을 것 같은데 왜 지금까지 정해지지 않았던 것일까?

사고 전 일본의 방사선피폭에 관한 안전기준으로는 직업피폭의 경우, 전신에 100mSv(5년) 및 50mSv/년, 일반인의 피폭 허용한도는 1mSv/년으로 되어 있다. 그것이 사고 후에는 사고수습에 임한 작업원의 한도가 급거 250mSv까지 올라가고 후쿠시마 등 오염이 현저한 지역에서는 학교 어린이들의 피폭기준으로서 20mSv/년을 기준으로 한다는 잠정기준이 제시되어 문제가 되었다.

법령상 방사선의 피폭한도에 관해서는 직업상 피폭되는 경우에 관해서는 노동안전위생법, 노동안전위생법시행령에 입각하여 전리

방사선장애 방지규칙이 제정되어 있고, 제4조에는 방사선업무 종사자에 대해서 5년간 100mSv 및 1년간 50mSv를 넘어서는 안된다고 되어 있다(신체 부위와 임신부 등 자세한 기준이 있다). 이 기준은 사업주 등에 대해서 기준 준수 의무를 부과하여 위반 시 행정처분과 처벌이 규정되어 있다. 이에 대해 일반인 등에 대한 기준으로서는 〈핵원료물질, 핵연료문질 및 원자로의 규제에 관한 법률〉은 동同 시행령에 입각하여 〈실용발전용 원자로의 설치, 운전 등에 관한 규제〉에서 주변 감시구역 외의 선량한도를 결정하는 것으로 하고 동 규칙의 규정에 기반하여 선량한도 등을 정하는 고시 중에서 이것을 1년간 1mSv로 하고 있다. 이외에도 방사선장애방지법 등의 방사선관리 관련 법령에서는 주변에 대한 영향한도로서 비슷한 규정을 두고 일반인이 그 이상 피폭되지 않도록 정하고 있으므로 일반인에 대해서는 연간 1mSv이 법령상 피폭의 허용한도였다.

그러나 이 법령들의 규정은 원자력사업자 등에 대해 이 기준을 넘을 우려가 있는 방사선물질의 배출을 금지하고 있지만 사고에 의해 이것을 훨씬 넘는 방사능이 방출되어 버렸을 경우 행정 등이 피난과 방제 등 어떤 행동을 취하도록 법적으로 의무지우고 있는 규정은 아니다.

요약하자면 일본에서는 방사선 또는 방사성물질은 원자력사업자 등 제한된 사람밖에 취급하지 않으니까 취급에 관련하는 사람에 관해서만 일정한 피폭한도를 정해 이것을 고용주 등이 엄수하게 하는 것으로 하고, 일반인의 방사선피폭에 관해서는 원자력사업자가 방사선과 방사성물질의 외부 방출한도만 지키게 해 두면 된다고

되어 있었다. 더군다나 그 수치는 자연방사능에 비교하면 무시할 수 있을 정도로 작았기 때문에 그 이상 일반 환경에서 방사능 오염이라는 사태를 상정하고 있지 않았다. 이에 대해 SO_2나 CO 등은 많은 사업자와 가정 등에서도 배출되는, 그것이 일상적인 오염의 주요 원인이므로 환경농도를 정해서 그것을 기준으로 하여 가령 이것을 넘는 지역이 있는 경우에는 행정적으로 다양한 시책을 취할 것을 의무지우는, 말하자면 목표로서 환경기준이 정해져 있었다.

따라서 이번처럼 방사성물질이 대량으로 방출되어 버린 경우에 관해서는 지금까지 원자력행정이 상정한 범위 외이므로 행정과 도쿄전력이 일반시민의 피폭대책으로서 무엇을 해야 하는가도 정해져 있지 않고 더욱이 그 기준이 되는 방사능의 강도에 대해서도 정해져 있지 않았던 것이다. 그래서 특히 후쿠시마현 내의 학교 등에 관해서는 어떠한 기준으로 어떠한 대응을, 누가 수행해야 하는가를 사후적으로 결정하지 않을 수 없는 사태에 이르렀다. 그리고 판단기준을 잠정적으로 결정할 즈음에 행정이 사태의 뒤를 쫓는 데만 급급한 판단을 했다고 많은 시민이 느꼈던 것이 커다란 혼란을 초래한 것이다.

2. 연간 피폭한도량의 안이한 변경

그러나 적어도 사고 전에 오랜 시간을 들여 공공의 연간 피폭한도를 1mSv 이하로 하는 것으로 일본 국내에서 일정한 합의를 형성하여 원자력사업을 진행해 왔으므로 그 한계를 사고가 일어났다고 해서 충분한 논의 없이 바꾸는 것은 허용될 수 없다고 해야 할 것이다(원자력위원회 위원인 다케다 구니히코武田邦彦 씨도 법적으로 결정되어 있는 1mSv을 기준으로 해야 한다고 주장하고 있다). 국가와 지자체, 국민은 지금까지대로 연간피폭량 1mSv을 공중피폭의 한도로 하고 이것을 기준으로 대응을 생각해야 할 것이다. 다만 연간피폭량이 1mSv을 넘기 때문에 바로 전역 피난까지 해야 하는가와는 별개로 적절한 방제와 방호책, 어린이와 임산부 등에 한정한 피난 등 다양한 현실적 대처방법을 취하는 것으로 대응해야 할 것이다. 이때 한도를 넘는 지역의 거주자에게는 충분한 설명, 건강관리, 영향에 대한 보상, 대체처리 등 충분한 시책을 제공할 필요가 있다.

이와 관련하여 세계적으로 방사선의 피폭한도는 연간 1mSv인 국가가 대부분으로(표 3) 이것이 국제적인 최저한의 합의 수준이라고 말할 수 있을 것이다.

이에 대해 문부과학성은 학교의 잠정기준으로서 국제방사선방호위원회(ICRP)의 Publication 109(긴급 피폭 상황 시 공중 방호를 위한 조언)에 입각하여 해당 조언이 이번처럼 비상사태가 수습된 후 일반 공중의 참고수준으로 하여 1~20mSv/년의 범위로 생각할 수 있다는 내용의 성명을 내고 있기 때문에 아동·학생도 등이 학교 등에 다닐 수 있는 지역의 경우 비상사태수습 후의 참고수준의 1~20mSv/년을 학교의 교사, 교정 등의 판단에 잠정적인 기준으로서 내세웠다.[1] 그런데 이 잠정기준에는 후쿠시마의 부모 등으로부

1 4월 19일 〈후쿠시마현 내의 학교의 교사, 교정 등의 이용판단에 관한 잠정적 견해에 관하여(福島県内の学校の校舎·校庭などの利用判断における暫定的考え方について)〉 http://www.mext.go.jp/a_menu/saigaijohou/syousai/1305173.htm

표 3 각국의 방사선 연간 피폭 한도

일본, 미국(현재, NUREG-1860(기준안)), 프랑스는 10~50μSv의 선량 목표치 등을 설정. 영국, 독일은 공중피폭을 최대 0.3mSv로 설정하고 있다

기준치량

일본	미국	미국(기준안)	영국	독일	프랑스	ICRP
선량한도: 연간 실효선량 1mSv 설계 시의 선량목표치: 실효선량으로 연간 50μSv 일반적으로 운동 시의 방사관리에 있어서, 선량 목표치의 달성을 가능하게 하는 범위 내의 연간 방출량 또는 평균 방출량을 방출관리의 목표치(관리목표치)로 정하고, 이것을 넘지 않도록 한다	선량한도: 연간 전체 실효선량당(TEDE) 1mSv (설계목표) • 배수에의한 것 전신 3mrem (30μSv) 장기 10mrem (100μSv) • 배기에 의한 것 γ선 10mrad, β선20mrad • 방사성요소와 미립자상 방사성물질의 배기 장기15mrem (150μSv)	선량한도: 연간 전실효선양당량(TEDE) 1mSv (설계 시) 연간의 발생 빈도 1의 사고(통상운전 시에 상당)에 대한 연간선량 범위 1-5mre (10-50μSv)	BSL: 연간 실효선량 1mSv BSO: 연간 실효선량 0.02mSv 개별 선원에 대하여 0.3mSv의 선량 구속치를 기준으로서 표시하다.	선량한도: 연간효율선량 1mSv 설계 시 및 통상운동 시의 계획피폭으로 방사성물질의 방출에 의한 공중피폭의 상한: 연간 실효선량;0.3mSv(갑상선0.9mSv 등 조직마다 선량을 규정)	선량한도: 연간실효선량 1mSv 통상운전 시의 계획피폭에서의 방사성물질의 방출에 의한 공중피폭상한: 연간등가선량(수정체 15mSv 등 조직마다 선량을 규정) 연간의 발생빈도 1(통상운동시에상당)에 대한 유출물의 방출허가 한계 10μSv	(선량한도) 계획피폭 상황 시 공중의 선량한도: 연간실효선량 1mSv(특별한 상황에는 정해진 5년간에 걸쳐 평균이 연간 1mSv을 넘지 않는다는 조건하에 연간 실효선량으로서 더 높은 수치도 허용된다) (선량구속치) • 계획피폭상황에 있어 공중피폭의 선량구속치: 연간 1mSv 이하 • 폐기물처분에 따른 공중피폭의 관리에 대해서는 연간 약 0.3mSv을 넘지 않는 선량구속치가 적절(약 250단계)

출처: 원자력안전위원회 사무국, 〈외국에서 안전심사에 적용되고 있는 기준 등에 있어서 방사선 방호에 관한 기재에 대하여〉 http://www.nsc.go.jp/senmon/shidai/bougoWG/7/siryo2.pdf

터 강한 반대의 목소리가 일어나 문부과학성은 그 후 기준은 변경하지 않은 1mSv을 목표로 한다고 입장을 바꾸었다. 이러한 혼란을 초래한 것은 애초 법률상, 방사선, 방사능에 관해 명확한 환경기준이 사고 전에는 정해져 있지 않았기 때문이다.

저선량 피폭에 의한 발암 등의 영향에 대해 아직 확실한 과학적 견해가 정립되지 않은 점에 덧붙여 역치가 없다는 점을 고려할 때

이 이하라면 영향이 없다고 할 수 있는 기준을 설정할 수는 없다. 발암의 요인에는 방사선 이외에도 담배와 식품첨가물, 화학물질 등 다양한 요인이 있으므로 현실적으로 방사선량을 낮추기 위해 드는 사회적 비용과 그에 의해 얻어지는 위험성 저감의 정도를 다른 발암 요인과도 비교하면서 사회적 합의로서 피폭한도의 기준을 설정해야 한다. 그렇게 보면 오래된 일본의 원자력행정 가운데 논의 결과로서 결정되어 온 일반인의 연간 허용피폭한도의 1m*Sv*를 안이하게, 그것도 몇 십 배로 완화하는 기준을 사고가 일어났다고 해서 갑자기 제시하여 사회적인 합의를 얻어낼 수 있을 리 없다.

정부의 대응이 국민으로부터 강한 반발을 초래한 것은 매스미디어 등에 등장하여 이 정도의 선량이라면 안전하다고 발언한 방사선의 전문가도 포함하여 행정규제에 있어서 오랜 기간에 걸쳐 형성되어 온 사회적 합의의 측면을 무시한 발상에 원인이 있다고 해야 할 것이다.

후쿠시마현 이다테무라에서 방사능 측정조사 중인 니치벤렌 원자력 PT 팀원들

1 사고 후 원전 주변 지역에서의 규제

이번 사고에 의한 정부의 지시 등의 경위를 살펴보면 지진 당일인 2011년 3월 11일에 후쿠시마 원전의 3㎞ 내의 지역에 피난 지시, 10㎞까지 지역에 옥내 대기 지시가 내려졌다. 12일에는 피난 지시가 10㎞, 20㎞로 확대되어 15일에는 20~30㎞권의 주민에게 옥내 대기가 지시되었다. 그 후 3월 25일에 20~30㎞의 주민에게 피난을 권고하였다. 4월 22일에 20㎞ 권외에서 공간방사선치의 높은 지역에 대해 계획적 피난구역이, 30㎞ 권내의 그 이외 구역은 긴급 시 피난준비구역으로 지정되었다. 긴급 시 피난준비구역은 9월 30일에 해제되었다.

사고 직후의 원전 주변부, 특히 북서쪽의 나미에초浪江町, 이타테무라飯舘村 주변은 상당히 높은 공간선량을 기록하였다. 사고에서 1년간 누적방사선량을 추계한 자료(제41회 원자력안전위원회 자

그림 4 2012년 3월 11일까지의 적산선량추정 지도

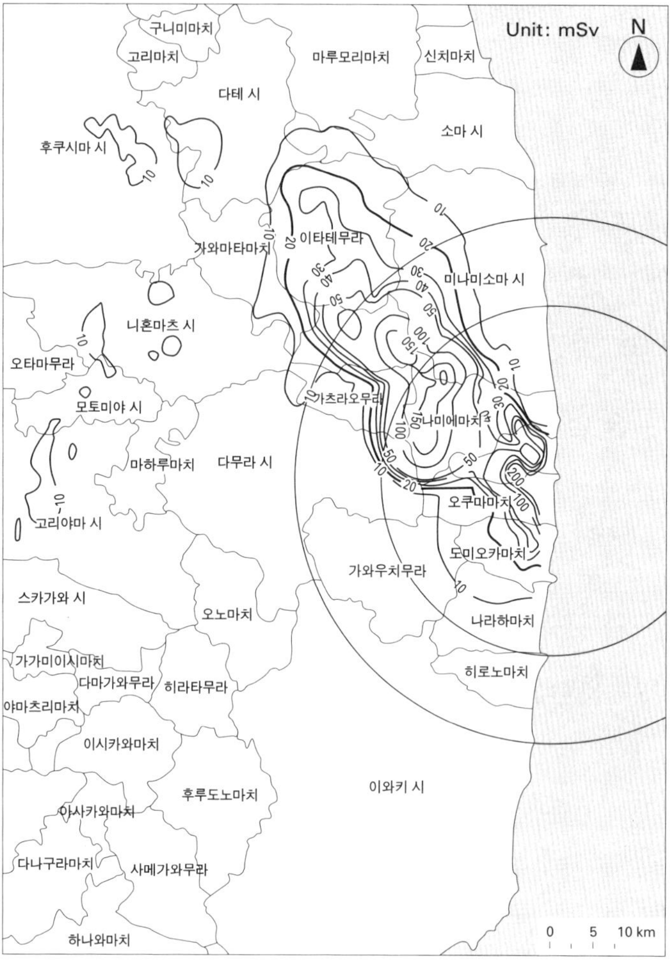

주: 2011년 5월 11일 24:00 까지의 실적치를 사용
출처: 전자국토(배경지도)

료 2-2호)에 의하면 방위에 따라서는 원전에서 50㎞권 가까이까지 누적선량이 20mSv을 넘는 범위가 확대되어 30㎞권 부근에서도 100mSv을 넘는 고오염 지역이 나타났다.

이들 공간선량 실측에 입각하여 30㎞권을 넘는 고오염 지역이 계획적 피난구역이, 그 후 더욱 자세한 실측에 입각하여 작은 지역에 누적방사선양추계가 20mSv을 넘는다고 예상된 지점이 2011년 6월 16일에 특정피난권장지점이 되었다. 이 지정은 원자력재해특별처리법 제20조 3항에 기반하여 원자력재해대책본부장인 내각총리대신이 행한 것이다.

2 감시측정소 수치의 문제점

전국에서는 각 도도부현都道府県에 감시측정소monitoring post가 설치되어 방사선의 공간선량을 지속적으로 측정하고 있었다. 이것은 과거 대기권 내 핵실험의 영향을 조사하기 위해 설치된 것이다.

사고 직후부터 국가와 지자체에 의해 감시측정소가 검출한 방사선량(1시간당)의 수치가 정기적으로 발표되었으므로 시간 당 공간선량이 방사능 오염을 나타내는 지표처럼 받아들여진 감이 없지 않다. 예를 들면 도쿄도의 경우 당초보다 발표되었던 대기 중 방사선치는 사고 전의 0.028~0.079μSv/h가 최고 시점인 3월 15일에 0.809μSv/h까지 상승하였지만 그 후 0.05 전후의 수치를 나타냈고 극히 일시적인 시기를 제외하면 방사능 오염은 별일 없이 사고 이

그림 5 환경방사선량 측정결과(1시간당)

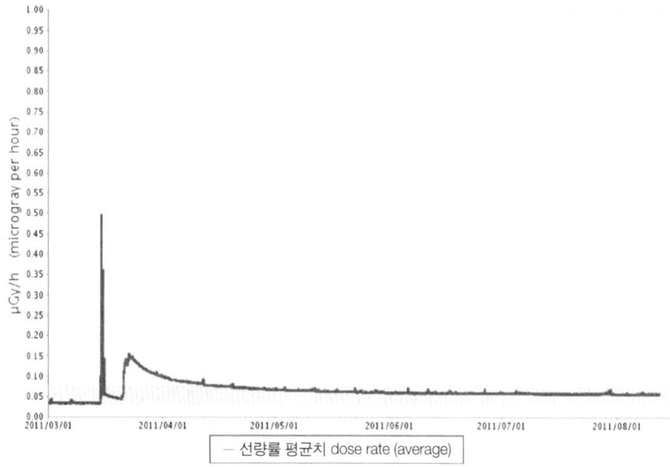

출처: 도쿄도 건강안전연구센터 작성. http://monitoring.tokyo-eiken-go.jp/mon_air.html

전으로 돌아간 것처럼 보인다

간토関東권의 다른 수치를 봐도 후쿠시마현(후쿠시마 시)에서 대개 1μSv/h 전후라는 상당히 높은 수치가 지속되고 있다는 점 이외는 지금은 전역에서 거의 평상치 이내에 가까운 수치를 나타내고 있다.

그러나 감시측정소의 수치(특히 현재의 공간선량)이 이번 사고의 오염을 적절하게 나타내고 있다고는 말할 수 없다.

이번 사고의 특징은 사고 초기 3월 20일 정도까지 대량으로 방출된 방사성 요소와 세슘 등의 방사성물질이 그 직후에 지면에 강하하여 거기에 침착해 버렸다는 점이다. 그 후에도 원전에서 공중

그림 6 도쿄도 내 각지의 방사선량 측정 결과

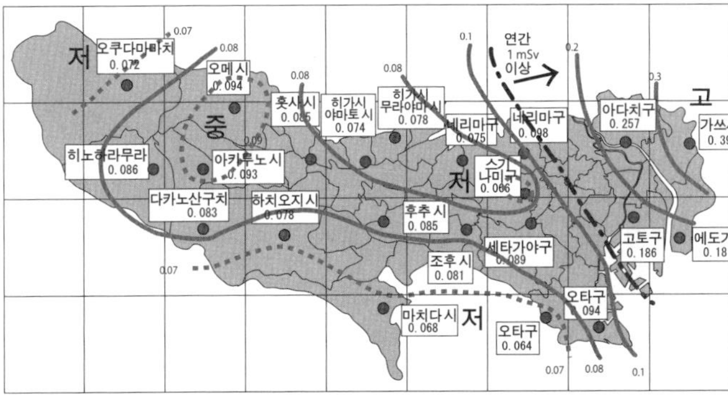

주: 수치 단위는 μSv/h, 측정량은 2011년 5월 6일~20일
출처: 일본공산당 도의원단 작성. 〈도쿄도 내 각지의 공중 방사선량측정 결과에 대해서(東京都内各地の空中放射線量測定結果について)〉 http://www.jcptogidan.gr.jp/html/menu5.2011/20110525195904.html

에 다소의 방출이 지속되고 있었지만 20일 이후의 공간방사선의 대부분은 지면에 강하한 방사성물질에 의한 것이라고 생각된다.

감시측정소는 높은 건물의 옥상 등에 설치되어 있다. 도쿄도의 경우 18m의 빌딩 옥상, 거기서 더 1.8m 더 높은 위치에 측정 장치가 설치되어 있었다. 이것은 멀리서 대기권 내 핵실험이 행해져서 성층권에 확산된 방사성물질이 그 후 서서히 강하한 방사성물질에 의한 영향이 대부분이었던 경우 지면에서의 방사선량을 반영하지 않는 결과가 된다. 또 방사성물질의 강하 상황은 풍향과 날씨, 지형에 의해 크게 좌우되어 상당히 격차가 커지는 사실도 확인된다. 이러한 점에 입각하여 사고에서 어느 정도 경과하고부터는 지금까지 감시측정소의 계측에 더해 계측 지점을 늘림과 동시에 계측의 높

그림 7 후쿠시마 제1원전 폭발로부터 유출된 방사능의 확대

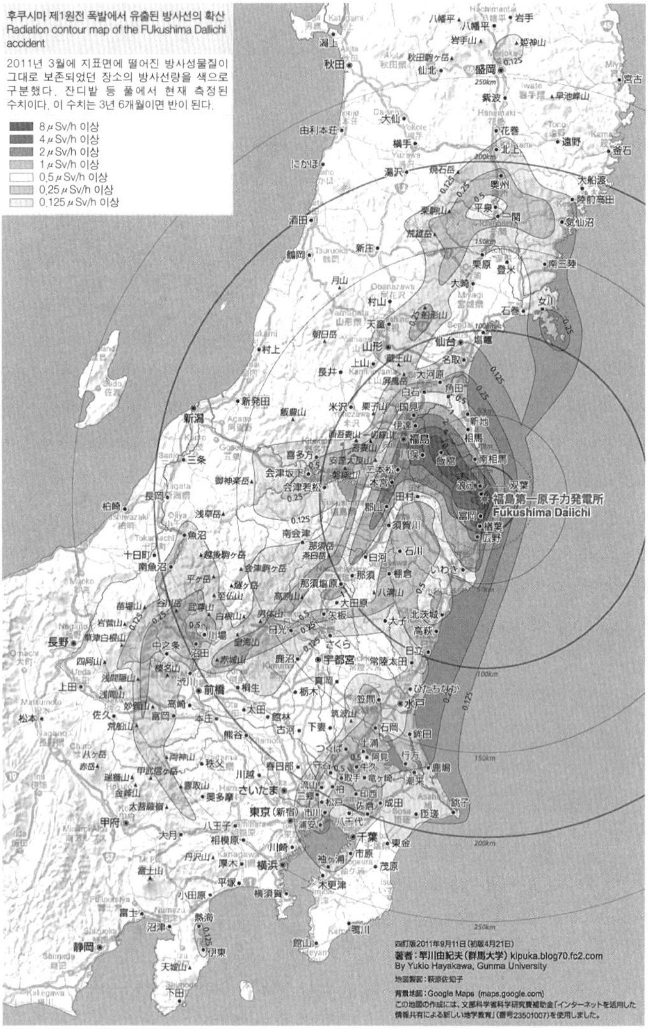

출처: 〈하야카와 유키오의 화산 블로그(早川由紀夫の火山ブログ)〉 http://kipuka.blog70.fc2.com

이도 지상 1m 혹은 5cm 등 실태에 맞는 계측을 하는 지자체들도 증가했다.

이렇듯 실태에 맞게 측정할 경우 대부분의 지역에서 감시측정소의 수치에 비해 상당히 높은 공간선량이 검출된다.

3 도쿄도 내에서의 오염 실태

도 내의 실태에 대해서는 일본공산당 도의원단日本共産党都議団이 5월에 공표한 실측 결과가 있다.

이에 따르면 도 내에서도 최고는 가쓰시카구葛飾区로 0.391μSv/h(1m), 미즈모토水元공원에서는 1m에서 0.363μSv/h, 지상에서 0.618μSv/h이라는 수치가 보고되었고 단순히 연간 피폭량을 24×365로 단순하게 계산하면 도쿄 동부는 연간 1mμSv/h이라는 공중 피폭한도를 넘을 가능성이 있다는 사실이 드러났다.

이렇게 공식 발표되는 공간선량이 사고 전과 비슷하게 떨어진 사실과 실제의 오염상황, 연간피폭량이 반드시 부합하지 않기 때문에 공간선량만을 보고 특별한 방사능오염은 발생하지 않았다고 안심할 수는 없다. 다양한 측정 데이터를 집약해서 공간선량의 실태를 알기 쉽게 그림으로 보여 주고 있는 것이 군마群馬대학 하야카와 유키오早川由起夫 선생의 블로그에 게재되어 있는 오염지도이다(그림 7). 화산학자로서 화산가스 등의 확산을 연구해 온 경험에 비추어 작성된 오염지도를 보면 오염의 실태가 등거리가 아니라 불규칙하게 확대되어 있고 치바千葉현 도카쓰東葛 지역과 이와테岩手현 이치노세키一関 지역에 동떨어져 격리된 지형처럼 핫스폿hot spot[1]이 형성되어 있는 모습이 명확해진다.

현재 많은 시민들이 직접 실측하고 있는데 도 내에서도 1μSv/h 전후의 핫스폿이 여기저기서 발견되고 도카쓰 지구에서는 이보다 상당히 높은 수치도 검출되고 있는 것이 실상이다. 이와 관련하여 2011년 9월 단계에서 도 내의 실측치로서 도쿄대 아카몬마에東大赤門前에서 0.836μSv/h이라는 측정치도 보고되어 일부이긴 하지만 상당히 높은 오염이 확산되고 있다.[2] 이 수치들은 후술할 토양오염의 상황을 살펴보면 의문의 여지가 없다.

1 〔옮긴이〕 방사선량이 특히 높은 곳을 의미함.

2 Our Planet TV에 의한 실측보고. http://www.ourplanet-tv.org/?q=node/1223

제 5 장

토양오염 및 방사성폐기물에 관한 규제

후쿠시마 제1원자력발전소 야외 잔해 적재장

1 토양과 방사성폐기물에 관한 규정의 부재

방사성폐기물의 처리에 관해서도 사고 전의 법적 규제는 매우 불충분했다.

애초부터 일본의 폐기물에 관한 행정체제는 방사성폐기물과 비방사성폐기물(통상적인 일반 및 산업 폐기물)로 나누어 완전히 다르게 취급하던 제도였다. 방사능을 띠고 있든 아니든 폐기물은 폐기물이자 쓰레기라는 것이 세간의 상식이다.

폐기물의 처리에 관한 기본적인 법률은 〈폐기물의 처리 및 청소에 관한 법률(廃棄物の処理及び清掃に関する法律)〉(이하 '폐소법')이다. 폐기물의 분류와 처리방법, 처리시설 등의 기준, 불법투기에 대한 처벌 등을 정하고 있는 법률로 모든 것에 적용된다. 폐소법은 폐기물을 다음과 같이 정의하고 있다.

제2조 이 법률에 있어 '폐기물'이란 쓰레기, 대형쓰레기, 재, 오염진흙(汚泥), 분뇨, 폐유, 폐산, 폐알카리, 동물의 사체 그 외의 오물 또는 쓸모 없는 것으로, 고형 상태 또는 액상의 것(방사성물질 및 이에 의해 오염된 물체를 제외함)을 말한다.

이렇게 방사성의 폐기물은 애초부터 폐소법의 대상이 아닌 것으로 되어 있다.

현실적으로 이번 사고 후, 후쿠시마현 내에서 폐기물의 불법 투기가 적발되었지만 검찰청은 피의자를 처분할 수 없었다는 사례가 보도되었다. 이것은 일반적으로는 폐기물의 불법 투기로서 폐소법을 위반한 것으로 처벌되는 사례이지만 해당 폐기물이 방사능을 띠고 있기 때문에 폐소법이 적용되지 않기 때문이다.

그렇다면 일반인이 방사능을 띤 폐기물을 법률에 기반하지 않고 투기했을 경우 어떠한 행정처분과 벌칙이 있는가? 사실은 놀랍게도 아무 규제도 없었다.

방사성물질과 방사능을 띤 폐기물에 관해서는 원칙적으로 방사성물질을 취급하는 사업자의 행위만이 규제되어 있었다. 일반인과 일반 사업자가 방사성물질을 포함한 폐기물을 배출하는 일이 불가능하다고 간주되었기 때문에 전혀 법규제가 마련되어 있지 않았던 것이다. 그것이 이번, 하수진흙과 폐기물을 처리하는 지자체의 폐기물 소각시설에서 높은 방사능이 검출되어 처분할 길이 막혀 버린 원인이다.

사고 전의 법체계에서는 원칙적으로는 원자력사업자 등이 배출하는 방사능을 띤 폐기물은 〈핵원료물질, 핵연료물질 및 원자로의

그림 8 방사능 수준에 대한 방사성 폐기물의 처리방법

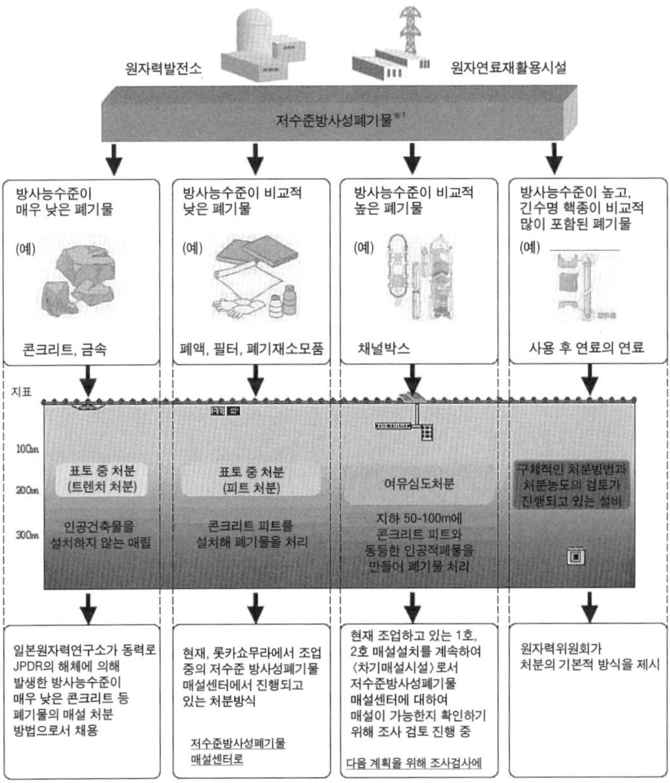

※1: 저수준 방사성 폐기물에서, 원자력 발전소, 전자 연료 사이클 시설 이외에 의료기관, 연구기관에서부터 발생한 RI 폐기물, 시험 연구로, 핵연료물질 사용을 끝낸 연료 시설 등에서부터 발생한 연구소 등 폐기물도 있다

※2: 현재 법령 등이 정비되어 있는 것은 발전소 폐기물이다

출처: 일본 원료 작성

규제에 관한 법률(核原料物質, 核燃料物質及び原子炉の規制に関する法律)〉(이하 '원자로등규제법')에 의해 방사능 수준에 맞춘 처리방법이 정해져 있었다. 그 구분은 〈그림 8〉처럼 나뉘어 있었다.

원칙적으로 원자력사업자가 배출하는 방사능을 띤 폐기물은 원자로등규제법에 따라 엄중한 관리하에 처리할 필요가 있다. 그러나 원자력 건설 등의 폐지廢止처리와 운전, 보수에 따라 발생하는 폐재료 중에는 방사능 농도가 매우 낮고 사람의 건강에 끼치는 영향을 무시할 수 있으며 '방사성물질로서 취급할 필요가 없는 물체'가 포함되어 있다. 이것들을 측정·평가하고 방사능 농도가 기준치 이하로 확인된 것을 재활용하거나 처분할 수 있는 제도가 '클리어런스(クリアランス, clearance) 제도'로 최근 원자로등규제법에 도입된 제도이다.

클리어런스에 관한 법률은 원자로등규제법의 제61조의 2(방사능농도에 관한 확인 등) 및 제72조의 2의 2(환경대신과의 관계)로 정해져 있다. 방사능 농도에 관한 확인 등에 대해서 다음과 같이 정하고 있다.

제61조의 2의 1항에서는 "원자력사업자 등은 공장 등에 있어 사용한 자재 그 외의 사물에 포함된 방사성물질에 대해서의 방사능농도가 방사선에 의한 장애 방지를 위한 처치를 필요로 하지 않는 것으로서 주무성령主務省令으로 정해진 기준을 넘지 않는 것에 대해 주무성령으로 정해진 바에 의해 주무대신의 확인을 받을 수 있다", 2항에서는 "전항의 확인을 받고자 하는 자는 주무성령에 정해진 바에 의해 미리 주무대신의 허가를 받은 방사능농도 측정 및 평가의 방법에 기반하여 그 확인을 받고자 하는 사물에 포함된 방사성물질의 방사능농도의 측정 및 평가를 행하고 그 결과를 기재한 신청서 그 외 주무성령에서 정한 서류를 주무대신에 제출하지

그림 9 클리어런스 레벨

- 클리어런스 레벨이란 당핵물질에서 기원하는 방사능의 선량이 자연계의 방사선 레벨과 비교해서 충분히 작고, 또한 사람의 건강에 대하는 위험을 무시할 수 있는, '방사성 물질로서 취급할 필요가 없는 것'을 구분하는 값이다.
- 클리어런스 레벨은 대상물에 포함된 각 방사성 핵종의 방사성 농도로서 정할 수 있다.
- 클리어런스 레벨은 대상물이 어떻게 재생이용, 처분되었다 해도 사람이 쐬는 방사선의 양이 연간 0.01밀리시벨트(자연방사선량의 1/100이하)를 넘지 않도록, 여러 가지 시나리오를 가정하여 산출되고 있다.

클리어런스레벨(단위: 베크렐)

IAEA안전지침의 수치

H-3: 100 (트리튬)	Cs-134: 0.1 (세슘)
Mn-54: 0.1 (망간)	Cs-137: 0.1 (세슘)
Co-60: 0.1 (코발트)	Eu-152: 0.1 (유로퓸)
Sr-90: 1 (스트론튬)	Eu-152: 0.1 (유로퓸)
전 α핵종 0.1	

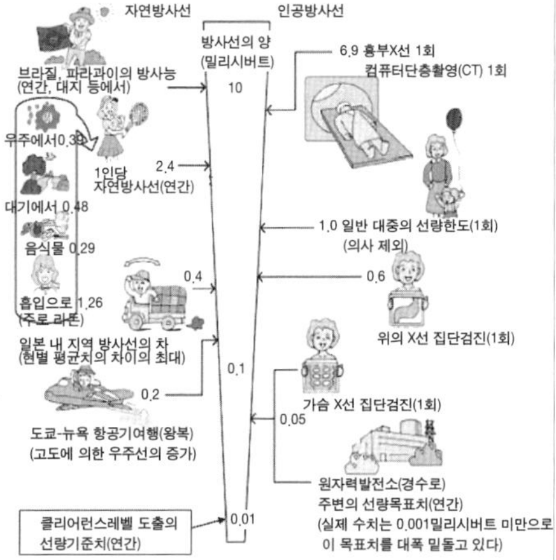

출처: 내각부, 신계획제정회의(제19회) 자료 제2호
〈방사성 폐기물 처리처분에 관하여(放射性廃棄物処理分について)〉

않으면 안 된다", 3항에서는 "제1항의 규정에 의해 주무대신의 확인을 받은 사물은 이 법률, 폐기물의 처리 및 청소에 관하는 법률(1970년 법률 제137호) 그 외의 정령政令으로 정한 법률의 적용에 대해서는 핵연료물질에 의해 오염된 물건이 아닌 것으로서 취급하는 것으로 한다"고 되어 있다.

즉, 클리어런스 수준 이하라면 방사성폐기물이 아니라 폐소법의 대상이 되는 '폐기물'로서 취급한다는 것으로, 역으로 말하자면 그 이상의 방사능을 띤 폐기물은 방사성폐기물로서 원자로등규제법에 의한 처리를 필요로 한다는 것이다.

구체적으로는 클리어런스 수준은 핵종마다 기준이 정해져 있는데 지금 문제가 되고 있는 세슘은 〈그림 9〉처럼 세슘 134, 137 둘 모두 0.1*Bq*/g=100*Bq*/*kg*으로 되어 있다. 이 수치가 식품의 잠정기준(500*Bq*/*kg*)보다 상당히 낮다는 점에 주목해야 한다.

이와 관련하여 원자력안전위원회는 이 클리어런스 수준의 설정에 대해서 "국제방사선방호위원회(ICRP)의 권고 등에 기반하여 클리어런스된 물체가 방출하는 선량의 기준치를 자연계의 방사선 수준에 비교했을 때 충분히 작고, 또 인체의 건강에 대한 리스크를 무시할 수 있는 것으로서 10*μSv*/년(0.01m*Sv*/년)으로 설정하고 있습니다"라고 설명하고 있다.[1] 역으로 클리어런스 수준 이상에서는 "인체의 건강에 대한 위험도는 무시할 수 없는" 가능성이 있다고 하는 관점도 가능하다.

지금의 상황에서 보면 이 클리어런스 수준의 설정은 상당히 엄격한 기준치라고 말할 수 있지만 적어도 이것을 근거로 방사능 오염이 이 정도뿐이며 위험은 없으므로 원자력을 이용하겠다는 식으로 국민의 동의를 얻어 온 사실만은 명백하다.

그리고 사고 전에는 클리어런스 수준 이상=세슘으로 100*Bq*/*kg* 이상(식품 잠정안전기준의 5분의 1)의 폐기물은 방사성폐기물로서 취급되어, 주에 밝혀 놓은 일본원료의 홈페이지에도 쓰여 있는 것처럼, 저수준이라고 해도 방사성폐기물로서 롯카쇼무라六カ所村에 건설된 저수준방사성폐기물이설시설[2] 등에 특별 취급되어 보존되

1 〈클리어런스(clearance) 레벨에 관하여〉 http://www.nsc.go.jp/haiki/page5.htm

2 http://www.jnfl.co.jp/business-cycle/2_maisetsu/maisetsu_03/maisetsu_03_02.html

어 왔다.

그렇다면 왜 원자력사업자 등 이외의 사람(시민, 지자체도 포함)이 방사성폐기물을 처리하는 데 대한 규정이 설정되어 있지 않았을까?

이것은 단순히 방사능물질은 원자력사업자 등만이 생산하는 것으로 거기서 외부에 유출되는 것만 규제해 두면 그 이외의 사람이 방사성물질을 취급하거나 방사능에 오염된 물체가 대량으로 시중에 유통되는 사태는 없을 것이라고 가정하여 이번 사태와 같은 경우를 상정하지 않았기 때문이다.

이와 관련해서 농담 같은 이야기지만, 이바라기茨城현 도카이무라東海村에 있는 도카이東海원자력발전소 1호기는 이미 폐로가 되어 해체 준비가 진행되어 왔다. 그런데 이번 사고에 의해 부지 안이 후쿠시마 원전의 방사능에 의해 오염되어 부지 전부가 100*Bq/kg*을 넘는 세슘 등으로 오염되어 버렸다. 그렇기 때문에 이러한 이유로 지금까지의 기준으로는 도카이원전 전체가 핵폐기물이 되어 버려서 처리를 할 수 없는 상황에 빠졌다고 보도되었다.

만약 단순히 지금까지의 클리어런스 수준을 원자력사업자 외의 사람 혹은 단체가 취급하는 폐기물에도 적용하게 된다면 예를 들어 300*Bq/kg*의 세슘을 포함한 식품 등은 식품의 잠정기준은 '클리어'하고 있으므로 식품으로서는 판매 가능하지만 부패하거나 폐기할 경우 방사성폐기물이 되어 버리는 기묘한 사태가 일어나게 된다.

그러나 생각해 보면 지금까지 원자력사업자로부터 계획적으로

일정량밖에 배출되지 않는 경우에는 100*Bq*/*kg*으로 안심해 왔는데, 이보다 훨씬 대량으로 배출된 경우에는 원래라면 기준을 엄격하게 해서 주변 환경 속에서 떠돌아다니는(出回る) 방사능의 양을 낮춰야 하지만, 역으로 현실적으로 처리할 수 없다는 이유만으로 기준을 대폭적으로 상향시켜 버린 것이다.

또 피해지역에 가서 원조활동을 한 자위대와 미군의 항공기 등을 세정한 물과 닦아 낸 천 등도 클리어런스 수준 이상의 방사능을 띠고 있었으므로 동일하게 폐기할 수 없는 상태가 되어 있다고 보도되기도 했다. 나중에 실태를 구체적으로 서술하겠지만 이러한 문제는 방사성물질이 지역적으로 집중되게 되는 하수처리시설과 폐기물 소각시설에서 배출되는 오니(오염된 진흙)와 소각재에 특히 농축된 방사성물질이 섞이게 되어 극히 심각한 문제를 일으키게 되었다.

2 심각해지는 토양오염의 실태

그렇다면 이번 사고에 의해 발생된 토양오염은 어느 정도일까?

토양의 방사능 오염에 관해서도 사고 전에는 아무런 법적 규정도 정해져 있지 않았다.

몇 개의 자료를 근거로 토양오염의 전체상을 파악해 보자.

그 전에 그저 숫자를 나열해도 그것이 어느 정도의 수준인지, 일반인에게는 짐작도 가지 않는 것이 보통이다. 이미 서술한 것처럼 인간의 건강에 장기적인 영향을 끼치게 되는 수준은 명확하게는 할 수 없고 더구나 토양오염이 공간의 방사선 수치와 그곳의 작물에 어느 정도 영향을 주는가도 즉각적으로는 판단할 수 없다. 판단 자체가 불가능하긴 하지만 여기서는 하나의 판단기준으로서 체르노빌 사고 시 소련이 정한 오염도 구분을 참고로 하겠다(표 4, 표 5).

체르노빌에서 오염 지역의 면적 합계는 145,320㎢, 거주자는 656만 명이라고 한다.[3]

오염 기준은 1㎢당의 방사능량(퀴리)으로 1㎢당 40퀴리 이상, 15퀴리 이상, 4퀴리 이상, 1퀴리 이상을 기준으로 하여 1~4위를 정하고 1위는 강제피난지역, 2위는 강제이주지역, 3위는 희망하면 이주 가능한 지역, 4위는 방사능관리지역으로 하고 있다.[4]

이 기준은 1㎢당 퀴리라는 단위로 설정되어 있기 때문에 일본에 통상 발표되는 표토漂土의 1㎡당 *Bq*, 토양 1*kg*당 *Bq*, 공간선량과 대비시킨 것이 〈표 6〉이다(또 이 세 개의 기준은 엄밀하게는 환산 가능한 관계가 아니므로 뒤의 2개는 어디까지나 어림짐작이다).

이 체르노빌의 기준이 지나치게 엄격하다는 의견도 원자력 관계자로부터 나오고 있는 것 같지만, 다른 한편에서는 당시의 소련이 인권 등을 일본보다 훨씬 존중하는 국가였다고는 생각할 수 없다는 사실을 염두에 두고 각자 기준에 따라 타당성을 판단해 주길 바란다.[5]

---

3 이마나가 데쓰지(今中哲二) 〈체르노빌의 세슘오염(チェルノブイリのセシウム汚染)〉 http://www.rri.kyoto-u-ac.jp/NSRG/Chernobyl/JHT/JH9606A.html

4 http://www.rri.kyoto-u.ac.jp/NSRG/seminar/No102/imanaka060414.pdf

표 4 체르노빌 사고피해 3개국의 세슘 137 오염 면적(단위:㎢)

국가	세슘137의 오염 레벨, 퀴리/km2 (Bq/㎢)				
	1~5 (37~185)	5~15 (185~555)	15~40 (555~1480)	40이상 (1480이상)	1이상 합계 (37이상)
러시아	48,800	5,720	2,100	300	56,920
벨라루시	29,900	10,200	4,200	2,200	46,500
우크라이나	37,200	3,200	900	600	41,900
합계	115,900	19,120	7,200	3,100	145,320

각국의 체르노빌 피해자 구제법에 의하면, 오염지역은 세슘147의 토양오염이 1퀴리/㎢ 이상의 장소라고 정의되며, 그 레벨에 의해 다음과 같이 구분된다.

- 40 퀴리/㎢ : 강제 피해 존
- 15~40 퀴리/㎢ : 강제(의무적) 이주 존
- 40~15 퀴리/㎢ : 희망하면 이주가 인정되는 존
- 1~5퀴리/㎢ : 방사능관리가 필요한 존???

표 5 오염지역의 주민 수(단위: 만명)

국가 (데이터 집계 시점)	세슘137의 오염 레벨, 퀴리/㎢ (Bq/㎢)				
	1~5 (37~185)	5~15 (185~555)	15~40 (555~1480)	40이상 (1480이상)	1이상 합계 (37이상)
러시아(1991. 1. 1)	188.3	34.7	9.3	-	232.3
벨라루스(1995)	148.5	31.4	4.1	0.0284	184
우크라이나(1995. 1. 1)	173.2	65.3	1.9	-	240.4
합계	510.0	131.4	15.3	0.283	656.7

- 1990년 자료에 의하면, 15~4 퀴리/㎢ 와 40 퀴리/㎢ 이상의 오염 지역의 주민수는, 각각 23.4만명과 3.38만명, 합계 26.8만명 이었다. 상기의 숫자와 비교하면, 그 이상 적어도 11.5만명이 15 퀴리 이상의 오염 지역에서 이주했다는 것이 된다.

출처: 이마나카 데쓰지(今中哲二) 〈체르노빌 20년 사고의 경과, 오염, 피폭, 영향(チェルノブイリ20年の事故の経緯, 汚染, 被爆, 影響)〉 http://www.rri.kyoto-u-ac.jp/NSRG/seminar/No102/imanaka060414.pdf

이와 함께, 지금까지 일본에서 방사성폐기물의 클리어런스 수

5 또한, 세슘에 의한 오염은 동위체의 세슘 134와 137이 있고, 그 비율은 원전 사고전의 운전기간 등에 의해 다르다. 이번 사고에서의 두 개의 비율이 같다고 하지만, 체르노빌의 경우에는 137의 경우가 높았으며, 소련의 기준은 137만 이용하였다. 비교하기 위해서, 일본에서도 137만의 수치를 알고 있을 경우에는 이것을 이용하지

표 6 체르노빌 기준의 환산

	관리존	고오염존	강제이주존	강제피난존
토양오염 Cs137 평방미터 kBq	37~ (3.7만)	185~ (18.5만)	555~ (55.5만)	1480~ (148만)
토양오염* ㎏당 Bq	569~	2846~	8538~	22769~
공간선량** μSv/h	0.13~	0.66~	2~	5.2~

* 국제적으로 토양오염은 면적당위당의 방사능량으로 계측될 때가 많지만, 일본 토양오염의 대다수는 1㎏당 계측되고 있다. 1㎏당으로 측정할 때는 방사성물질이 어느 정도 깊이까지 침투하고 있는지, 검체를 어느 정도 깊이까지 채취 하는지, 흙 비중의 차이로 결과가 달라질 수도 있다. 일반적으로는 세슘137일 경우, 1㎡당 방사선량은 1㎞당의 65배 정도라고 알려져 있다.

** 이번 사고에 관한 공간선량과 토양오염의 관계: 원자력안전위원회자료(原子力全委員 資料) http://www.aec.go.jp/jicst/NC/iinkai/teirei/siryo2011/siryo16/siryo2/pdf 에 의하여 환산, 또한 이 자료에서는 체르노빌의 관리존에 대하여 과대하다는 의견을 소개하고 있다.

준으로 간주되었던 100Bq/kg(세슘137)은 1㎡당 환산하면 대략 6500Bq/㎡이 되므로 이것도 하나의 기준으로 삼아 주길 바란다(이하에서는 단순히 '클리어런스 수준').

원전 주변에서는 300만 Bq/㎡을 넘는 고농도오염 장소가 있다는 점, 후쿠시마현의 나카도오리中通り에서 하마도오리浜通り의 대부분의 구역이 적어도 체르노빌 기준으로 3위, 4위에 해당된다는 사실을 알 수 있다. 조사지점 전역이 클리어런스 수준을 넘고 있다.

후쿠시마현 이외의 사례를 살펴보자. 이바라기현은 공간선량에서는 거의 사고 전과 큰 차이가 없는 수치가 나오고 있는 지역이지만 현의 공식 발표에서도 체르노빌의 4위에 해당하는 지역이 존재

만, 현실적으로 일본의 오염 상황은 134도 포함된 오염치의 것이 타당성이 있다고 여겨진다. 이때, 약 2배가 되는 데 주의할 필요가 있다(여러 데이터에서 세슘 137과 134를 구분하지 않는 경우도 있다).

하고, 상당히 많은 지역이 클리어런스 수준을 넘고 있다는 사실을 알 수 있다. 도치기와 군마도 상당히 오염되어 있다(그림 10).

3 수도 도쿄권의 오염 실태

현실의 방사능 오염은 상당히 편차가 있고 같은 시정촌에서도 지형에 의해 몇 배가 넘는 선량이 계측되는 사례도 있다. 확실한 오염상황은 시민단체 등의 측정 결과도 참고로 해서 파악하는 것이 필요하다. 이 점은 공간선량에 대해서의 해설과 전혀 다르지 않다.

정부의 공식발표[6]에서도 3월의 방사성물질 강하량은 도쿄(요소131·29000, 세슘 134·8500, 세슘137·8100(*Bq/㎡*)), 치바千葉(동 20000, 4400, 4900), 가나가와神奈川(치가사키茅ヶ崎)(동 10000, 3500, 3400), 사이타마さいたま(동 24000, 5400, 5300)으로 모두 고농도의 강하가 기록되었다. 실제로는 강하된 방사성물질은 일정하게 분포하는 것이 아니라 도시부에서는 고층빌딩에 맞고 그 근처에 강하하거나 비가 내린 지점에 모여서 강하하거나 그 후의 강우에 의해 숲 등에 집중되거나 하므로 아무래도 농도의 차이, 격차가 발생한다.

시민단체의 실제 토양조사[7]에 따르면 사고 발생부터 시간이 경과되면서 요소는 거의 검출되지 않았지만 세슘(134 및 137의 합계)

---

6 http://www.mext.go.jp/component/English/_icsFiles/afieldfile/2011/07/29/1307873_072914.pdf. 공표수치는 *MBq/㎢*지만, 이것은 *Bq/㎡*와 같다.

7 http://doc.radiationdefense.jp/dojyoul.pdf. 실측은 토양의 1*kg*당 방사성물질량을 측정해서 이것을 65배 하여 1*㎡*당 방사성물질량과 환산하고 있다.

그림 10 지표면의 세슘134, 147의 침착량의 합계

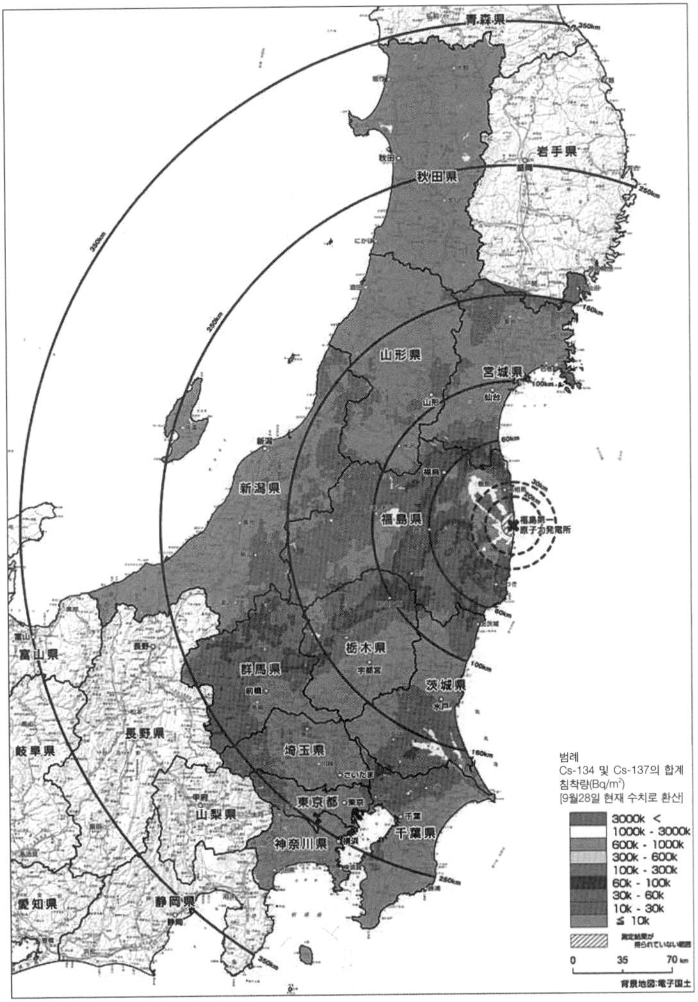

출처: 문부과학성작성, http://radioactivity.mext.go.jp/ja/1910/2011/10/17485.pdf

는 도 내에서도 가장 높은 곳에서 24만 Bq/m^2이 측정되었고 많은 지점에서 수 만 Bq/m^2이 보고되고 있다. 특히 치바현의 도가쓰 지역은 핫스폿이라고 하는데 이 지역의 경우 높은 곳에서 45만 Bq/m^2, 많은 지점에서 10만 Bq/m^2을 넘는 오염이 보고되었다.

지역 전체의 강하량에서 보면 수도권은 대체로 체르노빌의 관리구역보다 다소 적다고 할 수 있겠지만 거의 클리어런스 수준은 넘는다. 도쿄에 사는 사람은 사고 전에는 방사성폐기물로 취급되었던 수준의 토양환경 가운데 생활하고 있는 것이다. 더욱이 일부 토양오염의 정도가 4위는 물론이고 3위에 해당하는 수준에 이르는 장소가 제법 있다. 특히 3위에 해당하는 지역에서는 러시아에서는 이주까지 인정되었다고 하는 점에 비춰볼 때, 조기에 적절한 대책을 실시할 것이 요구된다. 그러나 수도권의 방사능 오염에 관해서는 일부 지자체의 자주적 대응은 차치하고라도 정부는 지금까지 충분한 대책을 세우지 않고 있다.

4 방사성물질 문제로 파탄 직전인 수도권의 생활 인프라와 대책법

현실적으로 상당한 수치가 나온 수도권의 방사능 오염이지만 그 빚은 하수처리장과 쓰레기처리장에 돌아온다. 강하한 방사성물질은 그 후 비 등으로 하수에 흘러가 하수처리장에서 처리될 때 하수 및 오니에 흡착되어 집적된다. 풀과 수목 등에 부착된 방사성물질과 쓰레기에 부착된 방사성물질은 쓰레기처리장에 반입되어 이것이 소각 처리되는 경우 소각재와 집진기에 집적된다. 예를 들어 도 내의 하수처리장에서는 오니에서 최고 1890*Bq/kg*, 오니의 소각재에서는 최고 46000*Bq/kg*에 이르는 세슘(134와 137의 합계)이 검출되었고,[8] 청소공장에서는 주회主灰(재)에서 최고 1290*Bq/kg*, 비회飛灰에서 최고 9740*Bq/kg*의 세슘(동일)이 검출되고 있다.[9] 수도권의 모든 도·부·현에서 대부분 비슷한 양상이 보고되고 있다.

당연하지만 후쿠시마현에서는 더욱이 차원이 다른 방사능량이 측정되고 있어서 5월을 기점으로 후쿠시마 시 하수처리장의 오염된 진흙에서 세슘이 44만*Bq/kg*검출되고 있다(산케이신문 2011년 5월 8일자).

그 결과 앞에서 서술한 것처럼 이들 방사능을 띤 물질에 대한 취급을 정한 법률이 존재하지 않기 때문에 방사능이 검출된 하수 오니와 소각재 등은 적법한 처리를 할 수 없게 되어 많은 지자체에서는 당분간 처리시설에 보관하는 것으로 했지만 매일 발생하기 때문에 하수처리장과 청소공장에 몇 만 톤이나 되는 오니와 소각재가 쌓여 가고 있다. 이것이 대량으로 집적되면 그자체가 상당량의 방사선을 방출하게 되어 2차 오염이 발생하게 된다.

국가는 잠정적으로 8000*Bq/kg* 이하의 경우에는 일반폐기물로 처분장에 이설한다, 10만 *Bq/20kg* 이하의 경우에는 안전관리를 철저하게 한 처분이 가능하다, 그 이상의 경우는 당분간 보관한다

---

8 도쿄도 하수도국 6월 17일 발표. http://www.gesui.metro.tokyo.jp/oshi/infn0521.htm

9 도쿄도 청소부 6월 27일 발표. http://www.metro.tokyo.jp/INET/OSHIRASE/2011/06/DATA/2016s200.pdf

는 방침[10]을 세웠지만, 이는 사고 전의 클리어런스 수준을 단번에 80배 완화하는 내용으로 피폭 한도에 입각한 안전성 판단이라기보다는 이 정도가 아니면 대처할 수 없다는 현실적 판단이었다.

국가는 겨우 8월에 이 문제를 해결하기 위해 〈헤이세이23년〔2011년〕 3월 11일에 발생한 도호쿠지방 태평양해협지진에 따른 원자력발전소의 사고에 의해 방출된 방사성물질에 의한 환경의 오염에 대처에 관하는 특별차치법(平成23年三月十一日に発生した東北地方太平洋沖地震に伴う原子力発電所の事故により放出された放射性物質による環境の汚染への対処に関する特別措置法)〉(2011년 8월 30일 법률 제110호, 이하 '특차법')을 제정했는데 구체적인 방사능 수준에 응한 구체적 처리방법 등을 둘러싸고서는 입법 전의 8000*Bq*과 10만 *Bq*로 구분하는 잠정적 방침을 답습하여 처리하는 방침일 뿐, 구체적으로 처분 가능한 처분장이 간단히 늘어나는 상황은 아니다.

현실적으로 처리시설에서 일하는 노동자와 시설 주변의 주민에 대한 영향도 우려된다. 더욱이 소각에 따른 공기 중 재발산의 우려 등도 예상된다. 이미 수도권의 이 시설들에서 집적된 오니와 소각재를 취급하는 작업자는 방호복에 방호마스크라는 원전 작업자 못지 않은 장비를 강요당하고 있다.

수도권에서도 오염도가 높은 소위 핫스폿에서는 조기에 적절한 방제작업을 하는 것이 총 피폭량을 줄인다는 점에서는 바람직하지

10 국토 교통성 2011년 6월 16일 통지. http://www.mlit.go.jp/common/000147621/pdf

만 방제작업에 발생한 오염토양과 방제한 물, 베어 낸 초목 등은 그 자체가 방사성폐기물로서 방제하면 할수록 처리가 곤란한 폐기물이 늘어나게 된다. 이러한 문제 하나만 생각해 봐도 방사성폐기물의 처리체계를 근본적으로 개선하지 않으면 문제는 해결할 수 없다는 게 명백하다.[11]

이런 사고는 있을 수 없다고 해서 원자력사고에 대한 법체계에 대한 대응체제의 정비를 게을리해 온 일본 원자력체제의 문제점을 이번 사고는 일거에 현실화시켰다고 할 수 있다. 현실적으로 매일 발생하는 대량의 방사성폐기물 처리라는 피할 수 없는 문제에 시민 전체, 지자체가 직면하고 있는 것이 수도권의 실태이자 오염의 실태라는 것, 후쿠시마의 현실은 더욱이 그것보다 몇 십 배 더 심각하다는 사실을 지금 다시 한 번 인식할 필요가 있다.

오랜 기간의 원자력 시책 가운데 저수준 방사성폐기물의 처분장을 겨우 롯카쇼무라에 확보할 수 있었던 상황을 봐도, 이번에 다양한 문제로 드러난 일본인의 방사능에 대한 반응을 봐도 그리 간단하게 일반 폐기물처리장에 방사성폐기물을 반입할 수 있는 상황이 오지는 않을 것이다. 수도권을 비롯한 하수처리장과 쓰레기처리장의 고뇌는 당분간 계속될 것 같다.

11 국토 교통성 2011년 6월 16일 통시. http://www.mlit.go.jp/common/000147621/pdf

제 6 장

식품오염에 관한 규제

© AFP PHOTO

1 식품오염에 관한 기준

식품은 식품위생법에 의해 규제되어 왔다. 식품위생법은 제6조에 다음과 같이 정하고 있다.

제6조

1 다음에 열거한 식품 및 첨가물은 이것을 판매하거나(불특정 또는 다수의 사람에게 수여하는 판매 이외의 경우도 포함함. 이하 동일) 또는 판매용으로 제공하기 위해 채취, 제조, 수입, 가공, 사용, 조리, 저장, 또는 진열해서는 안 된다.

2 유독한, 또는 유해한 물질이 포함되거나 또는 부착된, 또는 이들 의심이 있는 것. 다만 사람의 건강을 손상할 우려가 없는 경우로서 후생노동대신이 정하는 경우에 있어서는 그러하지 아니하다.

법률 그 자체에는 무엇이 대상이 되는가는 정해져 있지는 않지만 운용에서는 후생노동대신이 대상 물질을 정하는 것으로 되어 있고 소위 유해식품 등 많은 유해화학물질과 독극물 등이 대상으로서 정해져 왔다.

그러나 여기에서도 방사능에 관해서는 아무런 기준도 설정되어 있지 않았다. 엄밀하게 말하면 체르노빌 사고 직후에 수입식품에 관해서만 방사능에 관한 잠정기준을 확립했다. 1986년에 설치된 잠정기준은 세슘134와 137의 합계로 370*Bq/kg*였다.[1] 그러한 수입식품에 대해서는 방사능검사가 이루어져 잠정기준 몇 가지를 초과한 사례가 보고되어 있는데 이것은 수입이 금지되었다. 그럼에도 불구하고 일본산 식품에는 방사능에 관한 기준은 아무것도 설정되어 있지 않았다. 그 이유도 다른 기준과 같이 일본에서 대규모 방사능 오염이 발생하는 시대를 상정하지 않았기 때문이다.

후생노동성은 사고 직후인 3월 17일에 식품위생법의 잠정기준을 정했다. 그 내용은 〈표 7〉에 나와 있다.

사고 직후부터 일본산의 식품 중 상당수가 이 잠정기준치를 넘

---

1 수입식품 중 모든 방사성 핵종에 의한 피폭선량이 한도의 3분의 1이 되는 경우(134Cs+137Cs)의 방사능 농도를 시산한 결과, 약 421*Bq*/kg이었다. 반면에, EC(유럽공동체)에 대한 잠정한도는, 식품 중의 134Cs 및 137Cs의 방사능 농도가 유아용 식품에서 370*Bq*/kg 이하, 일반 식품에서 600*Bq*/kg 이하, 미국은, 잠정한도는 식품 중의 134Cs 및 137Cs으로 방사능 농도가 370*Bq*/kg 이하이다. 이것을 감안해 종합적으로 판단한 결과, 수입식품 중의 방사능 농도의 잠정한도를 134Cs 및 137Cs의 농도 370*Bq*/kg 이하로 한다(1986년 11월). 모든 수입식품이 370*Bq*/kg이라도, 통상적인 식생활 기준 1년간 받는 방사선의 양은 0.04m*Sv* 이하이다. http://www.rist.or.jp/atomica/data/dat_detail.php?Title_No=09-01-04-07

표 7 음식물 섭취 제한에 관한 지표

<table>
<tr><th>핵종</th><th colspan="2">원자력 시설등 방재 대책에 관한 방침에 대한 섭취 제한에 관한 지표치(Bq/kg)</th></tr>
<tr><td rowspan="3">방사성 요소
(혼합핵종의 대표 핵종:^{131}I)</td><td>음료수</td><td>300</td></tr>
<tr><td>우유,유제품 *주)</td><td rowspan="2">2,000</td></tr>
<tr><td>야채류(뿌리채소,감자류를 제외)</td></tr>
<tr><td rowspan="5">방사성세슘</td><td>음료수</td><td rowspan="2">200</td></tr>
<tr><td>우유, 유제품</td></tr>
<tr><td>야채류</td><td rowspan="3">500</td></tr>
<tr><td>껍데기 종류</td></tr>
<tr><td>고기, 달걀, 생선, 기타</td></tr>
<tr><td rowspan="6">우라늄</td><td>유아용식품</td><td rowspan="3">20</td></tr>
<tr><td>음료수</td></tr>
<tr><td>우유,유제품</td></tr>
<tr><td>야채류</td><td rowspan="3">100</td></tr>
<tr><td>껍데기 종류</td></tr>
<tr><td>고기,달걀,생선,기타</td></tr>
<tr><td rowspan="6">플루토늄과 초 우라늄 원소의 알파 핵종(^{238}Pu, ^{240}Pu, ^{242}Pu, ^{241}Am, ^{242}Cm, ^{243}Cm 방사능농도의 합계)</td><td>유아용식품</td><td rowspan="3">1</td></tr>
<tr><td>음료수</td></tr>
<tr><td>우유, 유제품</td></tr>
<tr><td>야채류</td><td rowspan="3">10</td></tr>
<tr><td>껍데기 종류</td></tr>
<tr><td>고기, 달걀, 생선, 기타</td></tr>
</table>

* 주) 100Bq/kg 을 넘는것은, 유아용 조제 분유 및 직접 음용에 제공하는 우유에 사용하지 않도록 지도할 것.

출처: 후생 노동성 작성. http://www.mhlw.go.jp/stf/houdou/2r9852000001558e.html

게 되었고, 지역에서 샘플 검사한 결과 잠정규제치를 넘은 경우에는 원자력재해대책특별 자치법 제20조 3항의 규정을 적용하여 지역, 품목을 지정해 출하제한조치를 취했다. 이것은 식품위생법만으로는 기준을 넘은 식품의 유통규제는 할 수 있지만 지역 내의 동종 식품전례에 대한 규제 등은 불가능하기 때문에 원자력재해특별차치법에 의한 규제라는 형태를 취한 것이다.

애초부터 이 잠정기준은 원자력안전위원회가 만든 〈음식물섭취제한에 관한 지표(飲食物摂取制限に関する指標)〉에 기반하여 정해져 있다. 지표는 연간 섭취하는 식품에서 내부피폭을 5m*Sv* 이내로 제한하되 연간섭취량 등에서 역산하여 각식품과 핵종의 규제치를 정하고 있다. 여기서는 원래 공중피폭한도 1m*Sv*를 간단히 5배로 완화해도 되는가라는 점과 내부피폭을 외부피폭과 같은 수준으로 생각해도 좋은가라는 문제가 있다는 점을 지적해 두겠다. 더욱이 이번 사고에서는 예를 들어 후쿠시마 시에 거주하고 있는 사람은 여전히 높은 공간선량에 의해 외부피폭도 받고 있는 데다 오염된 식품을 먹게 되므로 내부피폭도 받게 된다. 또 내부피폭에 관해서는 오염된 토양에서 올라오는 먼지 등을 들이마시는 데 따른 피폭도 문제가 된다. 그런데 지금 상황에서 공간선량도 식품기준도 각각 별도로 기준을 검토하고 있는 것이다. 이렇게 문제점이 많은 잠정기준이지만 그래도 이 기준을 넘는 농산물 등이 광범위하게 발견되고 있다.

식품의 안전기준을 둘러싸고 현재 식품안전위원회는 기준을 재검토할 때 전제가 되는 식품건강영향평가를 진행한 후 생애 100m*Sv* 이하라는 입장을 밝혔다. 이에 입각해서 식품의 규제기준이 강화될 것으로 예상된다.[2]

2 〈방사성물질의 식품건강영향평가 상황에 대하여(放射性物質の食品健康影響評価の状況について)〉 http;//www.fsc.go.jp/sonota/emerg/radio_hyoka.html

2 식품오염을 둘러싼 상황

잠정규제치를 넘어서 출하제한조치가 취해진 농수산물은 다양한 종류에 걸쳐 있다(표 8). 이렇게 보면 농작물 중에도 방사능 오염의 영향을 받기 쉬운 것, 비교적 받지 않는 것이 존재하고 있다는 사실을 알게 된다.

방사능의 영향이 광범위하게 미치는 것이 차茶이다. 차는 수도권을 넘어 시즈오카静岡에서도 기준치를 넘었고 가나가와, 사이타마埼玉 등 넓은 지역에서 기준을 넘었다. 사고 후 원전에서 상당히 떨어진 지역의 차에서도 식품의 기준치[3]를 넘은 세슘 검출 사례가 보고되어 있는데 이들 지역에서 방사선의 공간선량 등은 사고 전과 거의 변화가 없음에도 불구하고 차에서는 식품의 기준치를 넘는 오염이 검출되었다.

그 원인으로는 차가 보통 식물과는 달리 상록수인 데다 밀식密植 재배되기 때문에 강하한 세슘을 포함한 먼지 대부분이 잎에 모이는 점, 새로운 차의 싹이 나와 성장하는 단계에서 그 세슘이 새싹에 모인다고 하는 점 등 그 특수한 식생이 지적되고 있다. 이와 더불어 식품의 방사능 기준은 중량당 방사성물질량(베크렐)에 따라 판단하고 있는데 차는 출하하는 경우 생차가 아니고 건조시킨 상태(荒茶, 製茶)가 되어 이 단계에서 수분이 증발하여 중량은 약 5분의 1 정도가 된다. 차에 함유된 세슘은 대부분 잎에 남기 때문에

3 http://www.mhlw.go.jp/stf/houdou/2r9852000001558e-img/2r9852000001559v.pdf

표 8 출하제한이 걸린 농산물(2011년 10월 14일 현재)

후쿠시마현(福島県)

구분	품목	출하제한
연유		3/21~ : (2시6정3촌)
야채류	비결구성엽채류(非結球性葉菜類): 시금치, 고마쓰나(小松菜) 등 결구성엽채류(結球性葉菜類): 양배추 등 아브라나과(アブラナ科)의 화뢰류(花蕾類): 브로콜리, 컬리플라워 등 줄기	3/22~ : (2시7정3촌) (시금치, 굴은 3/21~)
	원목표고버섯(노지)	4/13~ : (4시7정3촌) 4/18~ : (후쿠시마시(福島市)) 4/25~ : (모토미야시(本宮市))
	원목표고버섯(시설재배)	7/19~ : (다테시(伊達市)) 7/22~ : (신치CY(新地町))
	버섯류	9/15~ : (11시21정11촌)
	죽순	5/9~ : (2시1정) 5/13~ : (2시2정1촌)
	청나래 고사리	5/9~ : (후쿠시마시(福島市) 고리마치(桑折町))
	매실	6/2~ : (후쿠시마시, 다테시(伊達市), 고리마치) 6.6~ : (소마시(相馬市), 미나미소마시(南相馬市))
	유자	8/29~: (후쿠시마시, 미나미소마시) 10/14~ : (다테시, 고리마치)
	밤	9/20~ : (다테시, 미나미소마시)
수산물	까나리 치어	4/20~ : (전 지역)
	송어	6/6~ : (아키모토호(秋元湖), 히바라호(檜原湖), 오노가와호(小野川湖) 등 이 호수들에 유입하는 하천, 나가세가와(長瀬川), 스가와(酸川)와의 합류점에서 상류 부분에 한정함) 후쿠시마현 내의 아사부쿠마가와 (阿武隈川, 지류를 포함) 및 마노가와(真野川) 6/17~ : (마노가와(지류를 포함))
	황어	6/17~ : (마노가와(지류를 포함)) 6/27~ : (아사부쿠마가와(阿武隈川)의중 시노부 댐(信夫ダム)의 하류(지류를 포함))
	은어(양식 제외)	6/27~ : (아사부쿠마가와의중 시노부 댐의 하류(지류를 포함), 마노가와(지류를 포함), 니다가와(新田川)(지류를 포함))
육류	소고기	7/19~ : (전 지역. 단 현이 정한 출하, 검사방법은 기본적으로 관리된 소를 제외)

이바라기현(茨城県)

구분	품목	출하제한
야채류	원목표고버섯(노지재배)	10/14~ : (즈치우라시(土浦市), 나메가타시(行方市), 호코타시(鉾田市), 오미타마시(小美玉市)
	원목표고버섯(시설재배)	10/14~ : (즈치우라시, 호코타시)
기타	차	6/2~ : 전 지역

토치키현(栃木県)

구분	품목	출하제한
육류	소고기	8/2~ : (전 지역. 단 현이 정한 출하, 검사방법은 기본적으로 관리된 소를 제외)
기타	차	6/2~ : 가누마시(鹿沼市), 오오타와라시(大田原市) 7/8~ : 도치기시(栃木市)

치바현(千葉県)

구분	품목	출하제한
야채류	원목 표고버섯(노지재배)	10/11~ : (아비코시(我孫子市), 기미쓰시(君津市))
기타	차	6/2~ : (노다시(野田市), 나리타시(成田市), 야치마타시(八街市), 도미사토 시(八街市), 산무시(山武市) 7/8~ : 도치기시

카나가와현(神奈川県)

구분	품목	출하제한
기타	차	6/2~ : (오다하라시(小田原市), 마나쓰루마치(真鶴町), 유가와라마치(湯河原町)) 6/23~ : (사가미하라시(相模原市)) 6/27~ : (나카이마치(中井町))

군마현(群馬県)

구분	품목	출하제한
기타	차	6/30~ : (시부카와시(渋川市), 기류시(桐生市))

미야기현(宮城県)

구분	품목	출하제한
육류	소고기	7/27~ : (전 지역. 단 현이 정한 출하, 검사방법은 기본적으로 관리된 소를 제외)

이와테현(岩手県)

구분	품목	출하제한
육류	소고기	8/1~ : (전 지역. 단 현이 정한 출하, 검사방법은 기본적으로 관리된 소를 제외)

출처: 원자력 피해 대책 특별 조치법에 근거한 식품에 관한 출하 제한 등
http://www.mhlw.go.jp/stf.houdou/2r9852000001a3pj-att/2r9852000001a3rg.pdf

중량당 방사성물질량은 5배 정도로 농축된다. 또 차는 산간 등지에 재배되는 경우가 많은데 이러한 지형은 국지적으로 방사능을 포함한 먼지가 기후조건에 의해 한데 모일 가능성이 있는 점이 지적되고 있다. 이 조건들이 겹쳐서 차에서는 다른 식물류에 비하면 높은 방사능농도가 검출되는 사례가 나타나기 쉽다고 생각된다. 한편 차는 그대로 먹는 것이 아니라는 점, 매일 대량으로 섭취하는 것이 아니라는 점에서 차에서 섭취되는 세슘의 양은 그렇게 많지는 않은 것으로 간주된다. 실제로 시즈오카현의 홈페이지[4]에서는 기준치인 500*Bq/kg*의 세슘을 포함한 찻잎으로 사용해 차를 끓였을 경우 1리터당 세슘양은 4.3*Bq* 정도라고 하고 있다.

그렇다고는 해도 가나가와와 시즈오카 등 멀리 떨어진 차에서도 세슘이 검출되었다는 사실은 이들 지역까지 방사성물질이 어느 정도 확산, 강하했다는 사실을 의미한다. 따라서 공간선량이 사고 전과 달라지지 않은 것 같은 지역이라고 해도 토양 등에는 어느 정도 방사성물질이 강하했을 가능성도 있고 지형에 의해 오염도가 높은 핫스폿이 발생할 가능성이 있다는 사실을 차의 오염을 통해 알 수 있으며, 이는 세밀한 방사능검사가 필요하다는 것을 방증하는 것이다.

차 이외에는 버섯류도 높은 방사능 오염이 보고되어 있는데 특히 야생버섯류는 고농도오염이 보고되어 있다.[5] 버섯류는 체르노

---

4 http;//www.pref.shizuoka.jp/sangyou/sa-340/cha_oshirase230609.html

5 2011년 9월 6일 닛산경제신문(日産経済新聞). 후쿠시마 다나구라초(棚倉町)와 후루도노초(古殿町)에서 발견된 야생의 배젖버섯(Lactarius volemus)의 경우, 다나구라마을에서 1kg당 2만 8000베크렐, 후루도노초에서는 1kg당 3200베크렐의

빌 사고 후 세계적으로 방사능농도가 높다는 사실이 보고되어 있는데[6] 당분간 버섯과 산채의 채취에는 주의가 필요하다.

3 쇠고기 오염 문제가 가르쳐 준 식품안전확보의 문제점

사고 후 식품의 방사능 오염대책은 원칙적으로서 지자체마다 오염이 예상되는 식품을 샘플 조사하여 잠정규제치를 넘은 것이 검출된 경우에 그 지역을 대상으로 출하규제를 한다라는 것이었다. 원래 완전하게 오염식품의 유통을 막는 방법은 전량검사밖에 없지만 식품의 방사능검사는 고감도의 검사기기를 사용하여 일정 시간 계측해야 하기 때문에 각 검사기관이 소유하고 있는 검사기기 만으로는 도저히 불가능하다. 그래서 샘플검사방식이 선택되었는데 이 방식 자체가 이미 서술한 것처럼 방사능 오염이 결코 균일하지 않다는 점을 고려하면 커다란 문제가 있는 체제이다. 선량계를 가지고 얼마간 걸어 보면 지역 내에서 선량이 높은 곳, 낮은 곳이 쉽게 판명되므로 의도적으로 오염도가 낮은 곳의 작물을 검사대상으로 할 수 있기 때문이다.

또 원격지의 농산물들은 원래 검사대상에서 빠져 있었다. 시즈오카와 가나가와산 차 등의 오염이 드러난 것은 만약의 경우를 대

방사성 세슘이 검출되었다.

6 방사선의학 종합연구소 버섯과 방사성 세슘(キノコと放射性セシウム)〉 http://www.nirs.go.jp/report/nirs_news/9712/hik2p.html

비한 검사와 유통기업의 검사에 의해 우연히 발견되었기 때문이다.

더욱이 지역에 어느 정도 오염상황이 공통된다고 간주되는 식물과 관련하여 축산물과 해산물(물고기)은 사료가 다르거나 이동하기 때문에 산지에서 오염상태를 추측하는 것도 타당하다고 말하기 어렵다.

일본 사회가 이 문제에 직면하게 된 것은 쇠고기의 오염문제를 통해서이다. 이 문제는 우연히 도 내의 식육검사에서 한 방사능검사에서 드러났고 조사 후 방사능 오염된 볏집이 원인으로 판명되었다. 그런데 볏집이 시장에서 유통되고 있었기 때문에 전국으로 문제가 파급되었다. 행정 당국은 축산농가의 사료에 대한 청취조사 등을 했던 것 같지만 사료가 방사능에 오염되었는지 아닌지까지 실제로 검사한 것은 아니었다. 결과적으로는 많은 축산농가가 이른바 뜬소문 피해(風評被害)로 막대한 피해를 입었을뿐더러 소비자는 뿌리깊은 불신감을 갖게 되는 결과가 되어 버렸다.

최종적으로 이러한 문제를 방지하기 위해서는 신속하게 다양한 출하물의 전량 방사능검사가 가능한 기계를 보급시켜 엄밀한 확인을 거치는 방법밖에 없다. 이미 그러한 기기가 개발되었다는 보도도 나오고 있으므로 일본의 기술력을 꼭 발휘해 주길 바란다.

보론

과거의 방사능 오염과 비교

1 과거의 대기권 내 핵실험에 의한 오염과의 비교

이번 사고에 의한 방사능 오염이 과거의 대기권 내 핵실험 시에 발생한 방사능 오염에 비해서 어느 정도인가도 궁금한 점이라고 할 수 있다.

잡지 등에서도 과거 핵실험에 비하면 이번 오염은 대수롭지 않다는 식의 기술도 눈에 띄므로 실제 어느 정도였던가를 자료를 조사하면서 비교해 보자.

1945년에 시작된 핵무기의 실용화·개발경쟁에 따라 대기권 내 핵실험이 행해져서 그 영향으로 전 세계의 방사성물질 강하량이 증대했는데 1962년에 미국과 소련의 대기권 내 핵실험 중단 이후 1963년을 정점으로 감소 경향으로 돌아섰다(그림 11).

대기권 내 핵실험에 의한 방사능 오염에 대해서는 "일본에서 폴아웃fallout(강하) ^{90}Sr(스트론튬90)의 1980년 말까지의 적산강하

그림 11 인공방사성 강하물의 연도에 따른 변화

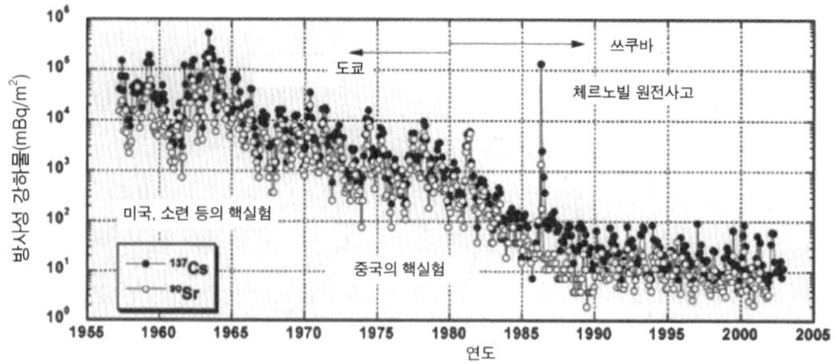

출처: 기상연구소 지구화학연구소 환경에 관한 인공방사능의 연구2003
http://www.mri-jma.go.kr/Dep/ge/2003Artfi_Radio_report/coverJP.htm

량은 아키타秋田가 최고로 약 150mCi/㎢, 최저가 오사카大阪로 약 57mCi/㎢, 6지점의 평균치는 약 92mCi/㎢이다"[1]라고 되어 있다. 92mCi/㎢를 *Bq*로 환산하면 3404M*Bq*/㎢이며 이것은 3404*Bq*/㎡에 상당한다. 이것은 장기간에 걸친 총 강하량으로 그래프에 나타난 것처럼 정점은 1963년경으로 도쿄에서 세슘137이 550*Bq*/㎡정도, 스트론튬90이 170*Bq*/㎡이었다고 생각된다.[2]

1 http://www.rist.or.jp/atomica/data/dat_detail.php?Title_No=09-01-01-05

2 〈환경에 의한 인공방사능의 연구 2009(環境による人工放射能の研究 2009)〉http://www.mri.go.jp/Dep/ge/2009Artifi_Radio_raport/Articfical%20Radionuclides%20in%20the%20Environment%202009.pdf(이 그래프의 단위는 m*Bq*이므로 주의가 필요) 인공방사능은 주로 대기권 내 주요한 실험으로 전 지구에 방출되었다. 부분핵실험정지조약의 발효 전에 실시한 미국과 소련의 대규모 실험의 영향으로, 1963년 6월에 강하량이 최대가 되었고(90Sr 약 170*Bq*/㎡, 137Cs 약 550*Bq*/㎡), 그 이후 성층권에서의 에어로솔(aerosol) 체류 시간, 즉 약 1년의 반감시간을 가지고 지수(指數)적으로 저하했다.

이번 사고로 인한 도쿄의 강하량은 앞에서 서술한 것처럼 정부 공표 수치에서도 8100*Bq*/*m*²(세슘137)로 핵실험이 정점에 달했을 때 세슘 강하량의 16배 정도의 결과이다(이번 사고에서는 세슘134도 비슷하게 있다는 점을 고려하면 30배 정도). 최근 방사성 강하물이 대개 수십 m*Bq*/*m*² 정도였다는 점을 생각하면 대기권 내 핵실험이 정점에 달했을 때보다 5000배부터 5만 배의 방사성물질이 강하했다는 것이 된다. 새삼스럽지만 이 자체는 놀라운 수치이다. 그 당시 대기권 내 핵실험의 영향으로 전 세계가 오염되었던 사실을 다시 한 번 상기해 보면 이번 사고로 도쿄에는 핵실험이 정점에 달했던 때보다 수십 배 수준의 방사성물질이 강하했다고 할 수 있다. 이것을 어떻게 평가하는가도 독자의 몫이다.

2 대기권 내 핵실험에 의한 식품오염

이와 관련하여 대기권 내 핵실험의 정점은 1963년으로 되어 있는데 이때 일본 쌀 등의 오염 상황은 세슘137로는 백미 중에서 최고 10*Bq*/*kg*(전국 평균 4*Bq*/*kg*) 정도였던 것으로 파악된다(그림 12).

또 1963년 이후 쌀의 방사성물질 농도는 대폭 저하했다가 체르노빌의 영향으로 미세하게 증가했지만 최근은 대개 1m*Bq*/*kg*(0.001*Bq*/*kg*) 정도였다. 또 이때 무논〔水田〕의 세슘에 의한 오염상황은 최대 100*Bq*/*kg*, 평균 38.9*Bq*/*kg*이었다.[3]

3 고마무라 미사코(駒村美佐子) 외, 〈일본의 쌀, 밀가루, 및 토양에 대한 스트론튬

그림 12 현미와 백미 관련 ^{90}Sr 과 ^{137}Cs 농도의 연도에 따른 추이(전국 평균)

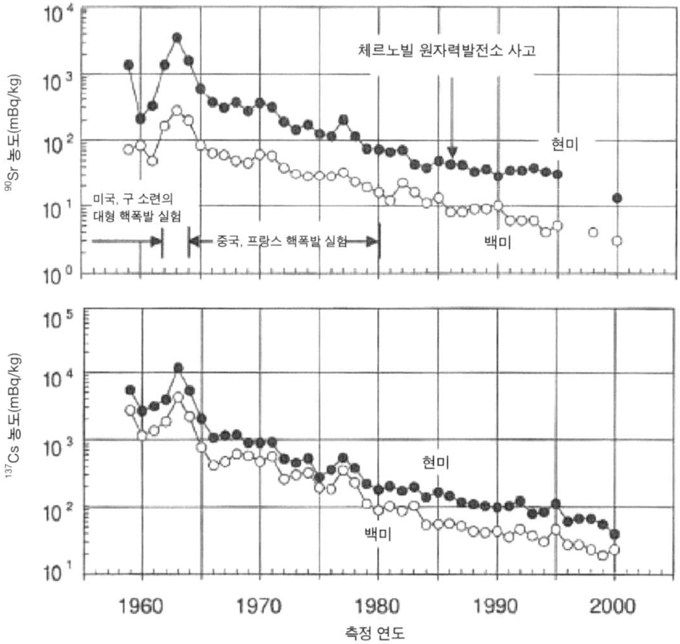

출처: 고마무라 미시코 외, 앞의 책.

이 당시 토양오염의 정도와 백미의 오염에 비교하면 지금까지 2011년도산 쌀의 검사 결과에 한해서는 이번 사고 후 농지의 오염 상황은 지금이 상당히 적은 듯이 보인다. 이것은 지속적으로 어느 정도 방사능이 강하했던 핵실험 당시의 상황과, 사고 시 대량 강하 이후 강하량이 감소했고 모내기도 강하가 감소한 후였던 이번 사

90과 세슘 137 농도의 장기 모니터링과 변동해석(わが国の米、小麦粉、及び土壌におけるストロンチウム90とセシウム137濃度の長期モニタリングと変動解析)〉《농환연보(農環研報) 24》1-21, 2006.

고상황과의 차이점에 의한 것이 아닌가라고 추측되지만 더 상세한 보고를 기다리고자 한다.[4]

어느 쪽이든 1963년 당시는 일본 국내 쌀 전부가 수 *Bq/kg* 정도의 세슘137에 의해 오염되고 있었다.

3 비키니 수소폭탄 실험과 수소폭탄 참치

해양오염을 생각할 때 일본인이 잊어서는 안 되는 것이 1954년의 비키니 환초에서 행해진 수소폭탄 실험에 따른 방사능참치 문제이다. 당시 실험장 근처의 해역에 조업하고 있던 제5후쿠류마루福竜丸의 승무원들이 피폭되어 사망자도 발생한 사건이 역사에 남아 있지만 제5후쿠류마루뿐만 아니라 당시 다수의 어선이 어획한 참치 역시도 방사능에 오염되어 폐기되었다.

당시 폐기의 기준으로는 가이거계측기로 계측 시 100카운트/분이었다. 이것은 현재처럼 방사성물질의 양과 핵종을 단시간에 계측할 수 있는 계측장치가 없었던 탓에 이러한 방법을 사용한 것으로 짐작된다. 측정 방법의 차이로 1*kg*당 *Bq*로는 바로 환산할 수 없지만 대충 100*Bq/kg* 정도로 추정된다.[5] 그렇다고 하면 현재 식품의 잠정기준보다 훨씬 엄격한 처분이 이루어진 셈이 된다.

---

4 그 이후, 후쿠시마현 내 일부 토지의 쌀이 500Bq/kg을 넘는 세슘에 오염된 것으로 알려졌다.

5 미나구치 겐야(水口憲哉), 〈참치와 방사선(まぐろと放射能)〉, 《세계(世界)》 2011년 9월.

그림 13 태평양에서 방사능 오염 어류가 어획된 위치의 분석

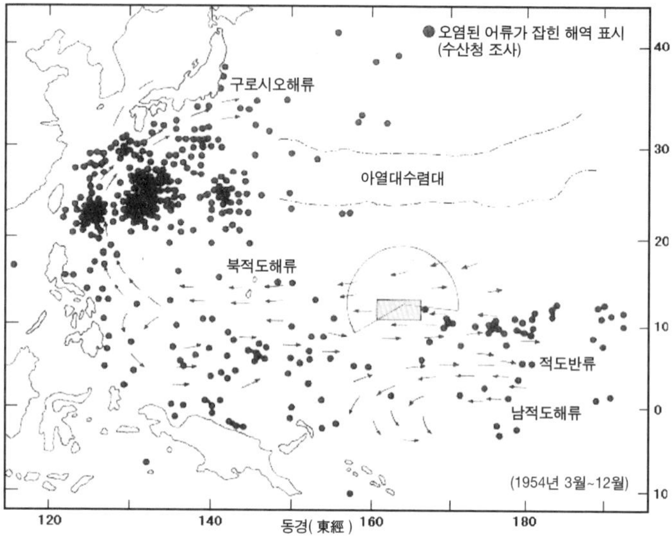

출처: (재) 제5후쿠류마루(福竜丸) 평화 협의회, 〈제5후쿠류마루이야기〉, 제5후쿠류마루 전시관(2001년 1월 22일), p.11.

〈그림 13〉은 당시 오염된 물고기가 어획되었다고 하는 지점인데 실험장 주변에 한정되지 않고 태평양 전역에 미치고 있다는 점, 특히 구로시오黒潮의 유역에 집중되어 있다는 점(참치가 이 유역에 많다는 것인지는 모르겠지만) 등을 통해 참치에 대한 방사능 오염이 핵실험장의 주변에 머무르지 않고 해류에 의해 넓은 범위로 확대되었다는 사실을 알 수 있다.

이번 사고에서는 당초 방사능은 대기 중에 대량으로 방출되었지만 그 후 대량의 냉각수 주입에 의해 대기방출은 대폭으로 감소한 반면, 그만큼 냉각수 등에서 기인하는 방사능 오염수가 대량으

로 발생하여 이것이 태평양에 유출되는 문제가 발생했다. 이 해수 중 방사능에 의한 해산물의 오염이 앞으로 어떻게 될 것인가는 매우 우려되는 점이다.

이와 관련하여 이때에는 전국에 방사능 측정기가 12대밖에 없었다고 하는데 당시 후생성은 그 전부를 지정된 5개의 항구에 배치하여 참치의 검사에 대응했다고 한다. 설비도 정보도 훨씬 충실한 현대에 일어난 이번 사고에 대한 행정 당국의 대응과 당시 행정 당국의 대응을 비교해서 어떻게 생각할 것인가?[6]

6 후쿠시마 근해의 수산물 오염은 일정 정도 높은 수치가 지속되고 있다. 수산청 홈페이지 참고.

마지막으로—그리고 이제부터

〔지금까지〕 원전사고에 의한 방사능 오염에 대해 그 실태를 법률도 참조하면서 설명해 왔다. 이제부터 우리 앞에 놓인 과제는 어디까지 어느 정도의 피난과 오염 방제를 할 것인가, 이미 피난한 사람들은 어떠한 상황이 되면 돌아갈 수 있는가, 그것에 입각해서 피해자에 대한 구제조치와 원전을 앞으로 어떻게 할 것인가라는 문제, 이 두 정책 문제와 관련하여 앞으로 전력회사와 원자력배상책임체제의 바람직한 모습은 어떤 것인가이다.

피난과 오염 방제 문제에 대해서는 건강에의 영향과 사회적인 고려의 양 측면에서 결론을 낼 필요가 있지만 가급적 신속하게 대응하는 것이 바람직하다. 그러나 이미 사고로부터 반년이 경과해 버렸다.

실제 원자력사고 피해자의 구제라는 문제에 대해서는 필자도 편집에 관여한 니치벤렌日弁連의 원자력문제 프로젝트팀PT이 중심이 되어 만든 《원전사고·손해배상매뉴얼(原発事故·損害賠償マニュアル)》(日本加除出版. 또한 내용은 니치벤렌 홈페이지 〈동일본대지진·원전사고 재해부흥지원(東日本大震災·原発事故災害復興支援)〉에서도 열람 가능하다)에 문제들이 망라되고 있으므로 피해구제에

관련된 분들은 부디 읽어 주시기 바란다.

앞으로의 에너지정책과 배상체제에 대해서는 니치벤렌에서도 다수의 성명이 나와 있지만 단순히 원전을 폐기한다, 폐기하지 않는다라는 논란이라기보다는 사회 본연의 모습과 우리들의 삶의 방식, 가치관에까지 미치는 큰 문제로 앞으로 모든 일본인이 자신의 일로 생각해 나가야 할 문제이다. 그러나 그 문제들을 생각하는 대전제로서 지금까지 일본에서 방사능 문제가 어떻게 다루어져 왔는지, 사고에 의해 방사능 오염은 얼마나 확대되었는가를 정확하게 이해하는 것이 출발점이 된다. 그를 위해 법률가의 시점에서 원전사고로 인한 방사능 오염의 상황분석을 정리한 이 책이 조금이라도 도움이 되기를 바라 마지않는다.

〈지진재해 이후를 생각하다〉 시리즈 간행에 부치는 와세다대학 출판부의 발간사

2011년 3월 11일 발생한 동일본대지진은 거대 지진과 쓰나미에 원전사고가 복합적으로 작용하여 인간의 상상을 초월하는 피해를 초래하였으며 그 충격은 전 세계를 경악시켰습니다. 이번 재해는 사람들의 사고방식과 행동 그리고 전제가 되는 제도에 대해 되묻는 계기가 되었고, 개인·조직·사회의 모든 면에 걸친 새로운 연구와 지식창조를 요구하는 사건이기도 하였습니다.

이러한 상황 아래, 일본을 대표하는 지적 공동체인 와세다대학에서는 지체 없이 부흥지원을 위한 여러 가지 행동을 취하였고, 동일본대지진 부흥연구 거점을 설립하였습니다. 또한 자원봉사자 파견을 비롯하여 재해 관련 연구와 이를 지원하기 위한 프로젝트를 활발히 전개해 나갔습니다.

와세다대학 출판부는 지식의 창조·보급·보존이라는 대학의 사명을 실현하기 위해 힘을 보태고자, 새로운 시리즈로서 와세다대학 Booklet 〈지진재해 이후를 생각하다〉의 간행에 착수하였습니다. 이 기획은 대진재의 참극을 딛고 일어서야 할 이재민들의 생활과 그들을 지원하는 활동, 그리고 이를 지지하는 연구 속에서 새로운 지식의 탄생을 모색하여, 그것을 관찰→분석→설명→행동…의 모든 단계에서 가능한 한 실시간으로 널리 사회에 제공하고자 하는 것입니다.

지식창조에는 완성이라는 것이 없고 늘 다음 단계의 과제를 향하게 마련입니다. 그런 까닭에 이 시리즈는 잡지의 기동성과 서적의 체계성을 겸비한 경쾌한 소책자 형태를 선택하였습니다. 또, 전문가와 실무자·시민·학생 등 각 계층이 읽기 쉽도록 편집하였고, 아울러 와세다대학이 포함하는 광대한 분야에 걸맞게 여러 가지 영역의 연구·지원 활동의 성과가 수록되었습니다. 후일 재해 극복과 부흥의 이야기들이 기쁨으로 회자될 때, 우리는 이러한 업적이 축적되어 크나큰 지식으로 가득 찬 백과사전으로서 많은 사람들에게 읽히기를 기대합니다.

부디 이 프로젝트에 독자로서, 그리고 저자로서, 참가해 주시기를 부탁드립니다.

2011년 11월
와세다대학 출판부

히오키 마사하루日置雅晴

와세다대학 대학원 법무연구과 교수
도쿄대학 법학부를 졸업, 사법수습修習 34기
가쿠라자카神楽坂 키스톤 법률사무소 변호사로서 주로 도시환경문제 등과 관련하여 활동
《시민을 위한 마치즈쿠리가이드市民のためのまちづくりガイド》(2000, 편저), 《자치체 도시계획의 최전선自治体都市計画の最前線》(2007, 편저) 등

김효진

서울대학교 인류학과에서 학사 및 석사, 하버드대학교 인류학과에서 박사 학위를 받았다. 현대 일본사회의 대중문화 및 젠더 정치학, 문화민족주의와 한일문화교류를 주로 연구하고 있으며, 〈Crossing Double Borders: Korean Female Amateur Comics Artists in the Globalization of Japanese Dojin Culture〉(2011) 등의 논문과, 《전후 일본, 그리고 낯선 동아시아》(2011, 공저) 등의 책을 썼다. 현재 고려대학교 일본연구센터 HK조교수.

동일본대지진과 핵재난—와세다 리포트 3

확대되는 방사능 오염과 법규제

초판발행 1쇄 2013년 3월 11일

지은이 히오키 마사하루
옮긴이 김효진
펴낸곳 고려대학교출판부
www.kupress.com
kupress@korea.ac.kr
136-701 서울특별시 성북구 안암로 145
02-3290-4230, 4232
Fax 923-6311

찍은곳 내일기획

ISBN 978-89-7641-803-6 04330
ISBN 978-89-7641-800-5 (세트)

값 7,000원

* 잘못 만들어진 책은 바꿔드립니다.